# ÉLOGE HISTORIQUE

DE MONSIEUR

# LAMOIGNON DE MALESHERBES.

# ÉLOGE HISTORIQUE

DE MONSIEUR

# LAMOIGNON DE MALESHERBES,

PAR M. F. MOLINS, AVOCAT.

Bonum virum facile crederes,
magnum libenter.
TAC., in *Vita Agricolæ*.

TOULOUSE,
IMPRIMERIE DE VEUVE DIEULAFOY,
RUE DES TOURNEURS, 45.

1842.

# ÉLOGE HISTORIQUE

DE MONSIEUR

# LAMOIGNON DE MALESHERBES.

A la vue du tableau des misères humaines, l'homme superficiel, faiblement pénétré de l'étendue du pouvoir suprême, incapable de le concilier avec sa clémence et sa bonté ; entraîné par la satisfaction triste, ou par le malheureux soulagement d'accuser un être quelconque d'être l'auteur de ses maux, et lorsqu'il ne peut s'adresser à ses semblables, de les imputer à celui qu'il considère (faussement sans doute), comme ne pouvant au moins sur le même moment se venger, ou pour mieux dire se défendre, dans les transports d'un délire criminel, adresse audacieusement des reproches à Celui qui peut tout. Que la voix du sage se fasse entendre, qu'elle lui dise que la justice est un des attributs qui ne peut être séparé de l'être éminemment souverain; que le mal chez les hommes a un terme ; qu'il est d'autant plus près de sa fin, qu'il est plus grand; que d'ailleurs l'espérance l'adoucit; (aucune autre pensée est-elle aussi consolante ?) Qu'il entre dans l'étendue de la puissance suprême de faire éclater à son choix sa justice dans ce monde même, ou dans une autre vie; il est sourd à de pareilles raisons et à d'autres non moins puissantes. Mais l'esprit lumineux et profond, qui, en présence de la vertu malheureuse et du triomphe du méchant, est encore plein de confiance dans la justice du grand Être, et qui, loin de la lui dénier, trouverait plutôt la raison des malheurs et des revers de certains hommes, dans les épreuves passagères et nécessaires qu'il faut qu'ils subissent et dans les mérites qu'ils doivent acquérir, afin de s'en faire un marchepied, et de pouvoir le considérer comme un acheminement à un meilleur avenir; celui-ci est dominé par des idées toutes différentes, car il n'ignore pas que même les plus hautes vertus, ne doivent pas s'attendre toujours ici-bas, à la récompense du bien qu'elles ont opéré.

Cependant, lorsqu'il s'agit de reproduire sur la scène du monde, celui que la méchanceté et l'envie, toujours jalouses du vrai mérite, ont persécuté; qui a été ravi aux hommes pour les punir, et en même temps, pour leur donner le mérite de chercher les vrais sentiments d'honneur dans leur propre cœur, au lieu de les emprunter de celui que le cours de sa vie a constamment offert comme un parfait modèle : pareil à ces signaux, qu'une main prévoyante et hardie, a placés sur la cime des montagnes, comme un signe de ralliement, et comme une marque indicative de la route qui conduit aux sommités de la vraie gloire; alors le philosophe même, guidé par une utilité matérielle, et pour ainsi dire, palpable, se sent détacher de ces idées spéculatives du pur domaine de la théorie, et d'un ordre, on peut dire, trop élevé. Elles sortent, en effet, de cette sphère morale de relations d'individu à individu, et ne pouvant être expliquées que par des rapports qui ne tombent pas sous nos sens, ne sont guère proportionnées aux bornes de l'esprit humain. Il est donc de mon devoir, de présenter les faits qui composent la vie de celui dont j'essaye de tracer l'éloge, dans leur rapport ou dans leur différence avec le caractère des actions des autres hommes. L'analyse ne pourra être que complète, puisqu'elle comprendra les faits qui se rattachent à sa vie privée, et ceux qui composent sa vie publique et politique.

Je n'ignore pas que la faiblesse à qui on présente un but trop éloigné, se rebute et se désespère; qu'il ne faut le lui montrer en plein, que lorsque, par les gradations qu'elle a parcourues, elle se trouve plus rapprochée de lui, et en conséquence, plus à portée de pouvoir, en quelque sorte, le saisir. Guidé par ces considérations, il me serait doux de présenter ainsi M. de Malesherbes; mais la carrière d'un grand homme, peu susceptible de gradation, est presque totalement marquée d'une forte teinte de grandeur; et l'uniformité de son âme, comme le sceau de son génie, se trouvent imprimés dans toutes ses traces, comme dans les plus petits détails.

Heureux, si en traçant l'éloge de M. de Malesherbes, je pouvais me flatter de n'être pas beaucoup au-dessous de lui; mais comment y parvenir en présence d'un si grand modèle ! A moins que ce ne soit par les sentiments qui y seront exprimés, et qui n'auront un caractère de grandeur, que parce qu'ils lui appartiendront. Je me garderai bien alors, d'exposer des idées que lui-même désavouerait, par la raison qu'elles seraient prises dans tout autre que lui. Et il est d'autant plus de mon devoir, de me conformer à une pareille marche, qu'en présence de l'homme juste, et en cherchant à le revêtir des qualités d'autrui, je semblerais faire un véritable larcin, car je ravirais, en même temps, le mérite à ceux auxquels il appartient.

Chrétien-Guilhaume-Lamoignon de Malesherbes, nâquit le 6 décembre 1721, dans une petite ville dépendante de l'Orléanais. Il était fils du chancelier Lamoignon, et avait pour grand-oncle, un premier président du parlement de Paris, qui fut, sous Louis XIV, l'oracle de la magistrature; et généralement parlant, on n'ignore pas de quel éclat brillèrent les ancêtres de M. de Malesherbes dans la haute magistrature parlementaire.

Dire qu'il est issu de parents illustres, il n'y aurait là rien de flatteur pour lui, si, en recevant le jour de semblables parents, des qualités conformes ne semblaient l'avoir fait hériter de leurs vertus et de leurs talents. Mais ils reçurent chez lui une force toute nouvelle, par l'exercice et le développement imprimés par l'éducation.

Quoique les hommes se ressemblent plus ou moins dans leurs premières années, à moins que la nature n'ait mis quelque différence considérable dans l'organisation physique, souvent capable d'influer sur l'intelligence; quoiqu'ils aient, la plupart, à cette époque, des côtés médiocres, et que ce soit l'éducation, combinée avec d'autres circonstances, souvent dépendantes du hasard, qui, en développant le germe plus ou moins fécond, ou plus ou moins heureux que chacun apporte en naissant, établissent ces disproportions qui nous étonnent, il était donné au caractère de supériorité de M. de Malesherbes, de marcher avec distinction dès ses plus jeunes ans. Il fit, en effet, d'une manière non commune son cours d'humanités chez les jésuites. Il s'était livré avec quelque succès à la poésie; mais il se voua plus particulièrement, comme ses pères, à l'étude de la jurisprudence. On pourrait penser, peut-être, qu'elle eut peu d'attraits pour un esprit enrichi des trésors brillants de la littérature ancienne et moderne; mais cet esprit judicieux et méditatif, tout en apercevant les bornes de l'esprit, ne fut jamais porté à dédaigner aucune branche des connaissances humaines. Il en aperçut les rapports avec la force mutuelle qu'ils se prêtent; comme il se convainquit que la chaîne qui les lie, se rattache tout entière à l'entendement. Dans la culture des lois, il se montra peu ambitieux de ces détails qui excluent le génie, et des applications faites par la pratique. Désireux d'être utile, persuadé que les diverses institutions des hommes, sortent toujours imparfaites de leurs mains; et qu'elles ont besoin d'être accommodées aux circonstances, à la nature des gouvernements, aux localités et aux climats; il sentit le besoin de connaître la raison des choses ou leur esprit; et s'élançant dans une sphère élevée, et de niveau avec le législateur, il vit dans les lois, les efforts plus ou moins heureux de la raison, pour assurer le repos des sociétés et des familles. De là, ces savants ouvrages dans lesquels il discute, disserte, compare, modifie et corrige les différentes législations.

L'humanité lui apprend de bonne heure, qu'elle ne l'a pas fait naître vainement pour elle. Bientôt elle l'appelle à son secours. En 1741, à l'âge de vingt ans, il est nommé substitut de M. le procureur-général. De pareilles charges et celle d'avocat du Roi au Châtelet, étaient, pour ceux qui se destinaient à la magistrature, une excellente école, où ils se formaient aux fonctions de leur état. Institution heureuse, s'écrie Montesquieu,* puisqu'elle réunit les fonctions des anciens délateurs, sans en avoir l'odieux, et est, en même temps, l'égide de la société. Ah ! Si cette institution toute publique, et si tutélaire qu'elle n'a pu être qu'une conception de l'humanité, n'a pas toujours rempli l'attente qu'on a dû s'en promettre, n'ayons garde d'en accuser elle-même, mais accusons-en plutôt quelques mains infidèles qui l'ont régie, et d'autres qui lui ont imprimé le mouvement dans les applications. Accusons-en les passions, dont la malice arrête la marche des choses, paralyse les bonnes intentions et fait taire la vertu. Mais leur pouvoir, qui fait d'ordinaire tant de ravages dans l'âge de la jeunesse, n'a pas seulement effleuré le cœur du jeune magistrat. Pour tout autre, c'eût été là une simple école d'apprentissage ; pour lui, c'est

* *Esprit des lois.*

encore un moyen nouveau et plus étendu, de mettre en pratique les devoirs imposés par la société; c'est, en un mot, un autre exercice de bienfaits. Qu'il est beau, qu'il est admirable le mandat qui vient de lui être confié! Ce n'est pas simplement une ou plusieurs personnes qui ont fait en ses mains le dépôt de leur confiance; mais la société tout entière, qui l'a investi de ses droits, et qui lui a transmis ses pouvoirs : que dis-je? c'est la partie la plus intéressante de la société : c'est la faiblesse et l'oppression qui ont réclamé un défenseur et un appui, et qui les ont obtenus. Par lui, l'absent n'est pas sorti des lieux qu'il habitait, la veuve a trouvé un protecteur, l'orphelin un père, l'ignorance un guide fidèle, le crime un ennemi implacable. Et pour tant de services rendus, il n'a pas dû courir au loin pour en recevoir la récompense; il l'a trouvée tout entière dans l'indignation du vice.

Dans celui que le cri public et le mérite appelaient avec tant de force aux dignités de l'état, la carrière ne pouvait être que rapide. Il fut reçu conseiller au parlement de Paris, le 9 juillet 1744 : et lorsque son père, premier président de la Cour des Aides, fut nommé chancelier, il fut revêtu, à l'âge de vingt-neuf ans, de la charge de premier président de cette cour. Les premiers discours qu'il prononça alors, annoncèrent de bonne heure, qu'il serait digne de figurer un jour à côté de l'Hôpital et de Daguesseau.

On conçoit que la faveur peut, à toute force, surtout lorsqu'elle s'appuie de l'intrigue, monter graduellement dans l'ordre hiérarchique des pouvoirs, et même s'élancer, par un vol hardi et d'un seul jet, aux grandes dignités et aux emplois éminents de l'état. On conçoit aussi qu'on peut, jusqu'à un certain point, marcher par le mérite de ceux qu'on emploie; mais dans les places de la magistrature, et notamment dans celles qui ont une prééminence bien marquée sur les autres membres, et dans lesquelles on est si fort en évidence, comment serait-il possible d'emprunter le mérite à d'autres qu'à soi-même? Voilà une première recommandation en faveur de M. de Malesherbes, qu'il a acquise par sa simple promotion aux grandes charges de l'état; mais elle se trouve infiniment relevée par les qualités précieuses auxquelles son élévation fut uniquement attachée, et qui impriment une marque d'honneur autant à lui qu'au monarque, qui, en discernant le mérite, sut faire un pareil choix.

Mais un titre d'honneur bien plus important jaillissait de cette même charge, et il était bien digne d'appartenir à celui qui, dans la conformité des sentiments avec ses devoirs, offrait l'assemblage le plus heureux. Une pensée le dominait tout entier : persuadé que la machine politique, chez les peuples civilisés, ne peut être mue que par le moyen de rouages plus ou moins compliqués; et convaincu, d'un autre côté, que le peuple, quoique faible et opprimé dans la plupart des gouvernements, est le corps duquel émane tout pouvoir, le ressort principal qui sert à mettre en jeu tout le mécanisme social, il s'en déclara hautement le défenseur : sentiment dont il n'est pas possible de calculer le prix, puisqu'il augmenta progressivement dans les applications de détail. Et il était reservé au chef d'un corps auguste, qui, par l'ascendant des lumières et des sentiments généreux, devait exercer sur lui la plus grande influence, de lui imprimer sa manière de penser. Aussi le peuple est ouvertement protégé : lui et ses collègues s'en montrent les plus zélés défenseurs, sans aucun retour sur eux-mêmes.

Tribuns de l'ancienne Rome, qui étiez spécialement appelés à protéger les droits des citoyens; vous qui étiez consacrés à la défense du peuple, je ne vous accuserai pas d'avoir forfait à vos devoirs; d'avoir manqué à vos serments, à l'honneur. Qu'ils étaient beaux ces devoirs! C'étaient ceux que vous exerciez envers le peuple Romain; je dis plus, envers un peuple libre et dominateur de l'univers. C'est sans doute à votre vertu mâle; c'est à la courageuse résistance que vous avez opposée aux envahissements des patriciens, que les Romains sont redevables de leur liberté et de l'empire du monde. C'est à elle seule qu'ils sont redevables du plus noble des titres, de celui de peuple-roi : mais que diriez-vous, si, sous un régime moins libre, quelques magistrats intègres, intéressés peut-être à céder au pouvoir et à fléchir, au préjudice des droits du peuple, vous avaient donné le spectacle du courage et de la plus grande énergie, ne serait-ce pas à eux seuls que vous défèreriez le titre de véritables citoyens?...

La Cour des Aides ayant été instituée pour surveiller les vampires de la société, qui, sous prétexte de recouvrer les impôts, suçaient, au nom de la loi, le sang du malheureux, s'abreuvaient de ses larmes, et accroissaient leur fortune individuelle de tout ce qu'ils pouvaient dérober au trésor public et arracher aux fortunes obscures et impuissantes. C'est en effet à cette cour, qu'on est redevable d'une foule de remontrances, qui toutes, en alliant le courage avec le respect, décèlent le véritable auteur. C'est là qu'on trouve d'excellents modèles de l'art inappréciable de dire la vérité au Roi, sans autre passion que celle du bien du maître et de ses sujets. Aussi l'exagération, la dissimulation, l'irrévérence, n'y figurent point. Elles ont fait place à la fermeté tranquille, aux convenances, aux ménagements ou aux égards, toujours dictés par la prudence ou la raison, même lorsqu'ils sont employés contre ceux qu'on est contraint d'attaquer, ou contre lesquels on doit se défendre. On ne voit point là d'expressions vagues, point de coup d'œil superficiel; ils ne servent le plus souvent, qu'à décéler l'amour du rang, l'orgueil du pouvoir et les passions du courtisan. La matière y est méditée, discutée, approfondie; les questions y sont abordées d'une manière franche. Aucune objection n'y est éludée; et comme c'est l'amour du bien public qui est le sentiment dominateur de ce corps de magistrats, les réponses portent toutes l'empreinte de la vertu. Elle joue là le rôle le plus imposant, et en même temps le plus utile. C'est là que la rapacité, les vexations sourdes, en un mot, les entreprises des traitants, et de tous ceux qui se disputent le droit d'écraser le peuple et de dévorer l'état, sont réprimées. Là, les concussions, le brigandage des officiers de finance, les ruses créées par l'avarice, les modes de lever les impôts, souvent plus vexatoires que les impôts eux-mêmes, viennent expirer. C'est encore là que viennent s'anéantir les priviléges, dont la valeur n'est calculée que sur la ruine du pauvre; l'impôt de la taille arbitraire qui rend la propriété précaire, et même nulle entre les mains du contribuable. C'est encore à la lueur de ce précieux flambeau que les ténèbres de la finance disparaissent. C'est là que les créateurs d'impôts et les prévaricateurs sont démasqués et reconnus; c'est dans les énergiques remontrances de la Cour des Aides, qu'ils ont trouvé leur tombeau. Aussi, dans une séance publique, dans laquelle le duc de Chartres, venait de la part du Roi, faire enregistrer un nouvel édit, portant création d'un nouvel impôt, après avoir obtenu qu'il fût enregistré au parlement. M. de Malesherbes s'opposa vivement à cette demande, et sa mâle résistance fit le plus grand effet sur le Monarque.

Les financiers, dont les contestations contre les contribuables étaient du ressort de la Cour des Aides, avaient une espèce de machiavélisme dont ils se départaient rarement : lorsque la loi devait frapper le contribuable, ils portaient la contestation devant la Cour des Aides, bien assurés de gagner le procès : mais lorsque la loi repoussait l'exacteur, ils portaient l'affaire, par évocation, au tribunal du contrôleur-général, justice toujours intéressée, et qui se montrait, en conséquence, toujours disposée au préjudice du contribuable, et en faveur de ceux qui venaient aggraver le joug de l'impôt, en augmentant le produit de l'imposition. C'est dans de pareilles circonstances que M. de Malesherbes eut de violents débats et des grandes luttes à soutenir contre les contrôleurs-généraux et les ministres, pour soutenir et défendre les droits de l'humanité; lutte dont son éloquence et son courage, le rendirent souvent victorieux.

Ici, je dois m'arrêter; j'aurais été, en effet, téméraire d'oser étendre le tableau de l'énergie, que déploya, dans ces circonstances, cet intéressant Magistrat, pour la défense des droits du peuple; car je ne pourrais qu'être au-dessous de mon objet. Je laisse à des mains plus habiles le soin de le faire. Mais où en trouver qui pussent y parvenir d'une manière digne? Ne serait-ce pas plutôt à une plume éloquente, trempée dans les vertus des anciennes républiques, qu'un pareil droit pourrait appartenir? Mais M. de Malesherbes n'en a pas besoin. Son nom a retenti d'une manière éclatante dans tous les cœurs généreux : il y occupe une place de distinction; et ce nom seul suffit à un éloge.

Plein de sentiments de bienveillance en faveur du peuple, il ne se borna pas à les manifester de vive voix, et à les exprimer par écrit dans les remontrances ordinaires, qui émanaient du corps judiciaire dont il était le chef; il les fixa aussi par écrit dans des ouvrages particuliers. Son *Histoire du droit public de la France en matière d'impôts*, respire une si grande énergie, et en même temps, une si grande philantropie en faveur du peuple, qu'on ne peut en lire une page, sans se croire transporté à la tribune d'Athènes, au temps de Solon et de Démosthène. C'est là qu'en dévoilant le but des ministres, de ravir aux peuples leur recours aux tribunaux, il s'écrie : « Il est donc des empires bien malheureux, » pour n'avoir aucune communication avec le sou- » verain ! »

Aussi bien, quand en 1763, le prince de Condé vint, au nom de Louis XV, tenir une espèce de lit de justice à la Cour des Aides, pour la contraindre à l'enregistrement de quelques édits contraires aux droits du peuple : « La vérité, lui dit alors, M. de » Malesherbes, est donc bien redoutable, puisqu'on » fait tant d'efforts pour l'empêcher de parvenir aux » pieds du Trône ? »

En général, personne avant lui n'avait eu le courage de dire la vérité aux princes, en la dépouillant d'artifice oratoire; tandis que le grand nombre de magistrats et d'hommes publics, s'efforçaient de la leur cacher. Il n'avait jamais cessé de montrer au gouvernement, même lorsque les plus sages conseils étaient repoussés, et les plus beaux exemples dédaignés, l'abîme vers lequel il se précipitait.

Mais une grande âme ne peut jamais se concentrer tout entière dans elle-même; sa force expansive devait se répandre au dehors, son influence s'exercer même au loin, et, à plus forte raison, sur tous les objets qui l'entouraient; aussi, l'âme de cet éminent magistrat, s'étant imprimée dans le corps dont il était le chef, donna le jour aux remontrances du 14

septembre 1770, dans lesquelles la Cour des Aides s'exprime d'une manière remarquable :

« Personne, dit-elle, n'est assez grand, pour être
» à l'abri de la haine d'un ministre, ni assez petit,
» pour n'être pas digne de celle d'un commis de
» ferme. »

Un arrêt contraire aux opérations du ministre, avait été rendu par la Cour des Aides. M. de Malesherbes et deux autres présidents, mandés à Versailles, le 27 mars 1771, il est question de faire rayer cet arrêt des registres de cette cour. Le chancelier demande, en conséquence, au premier président, d'assembler ce jour même la cour, ou au plus tard le lendemain, pour en délibérer. Celui-ci, proteste de l'impossibilité de convoquer les chambres dans un si court délai, en alléguant qu'une partie des conseillers se trouvait à la campagne, et que d'autres étaient vraisemblablement occupés à leurs exercices de religion. Le ministre insistant : « Vous m'étonnez,
» (répondit alors le premier président), vous qui avez
» éprouvé comme moi, combien le temps est néces-
» saire aux délibérations ; et que jamais elles ne sont
» prises avec plus de sagesse, que lorsque chacun a
» eu le temps de réfléchir, et que la chaleur et les
» impressions du premier moment sont amorties. »
Le ministre persistant plus fortement : Vous ne voulez donc pas (s'écria-t-il) assembler les chambres pour ce soir ? — « Non, monsieur, (répond,
» avec fermeté, M. de Malesherbes) ; la cour ne don-
» nera pas l'exemble d'une scène scandaleuse pour
» le public, et peu respectueuse pour le Roi lui-

» même, de tenir de nuit et à la lueur des flambeaux, » une assemblée extraordinaire, qui donnerait à cette » affaire une publicité qu'elle ne mérite pas ; et qui » pourrait d'ailleurs échauffer les esprits.» Or, c'est précisément cette chaleur des esprits que le chancelier avait en vue. Il présumait que dans le moment de fermentation, cette précipitation inattendue, l'appareil de cette assemblée tenue à la lueur des flambeaux, irriteraient le dépit qu'exciterait dans la compagnie, la radiation d'un arrêt que le préjugé présente toujours comme injurieuse, et qu'elle la porterait à quelque acte de vigueur, qui pourrait facilement être taxé de désobéissance et même de révolte ; chose dont il aurait pu être fait un grief à la Cour des Aides, pour avoir un prétexte de la détruire. Mais M. de Malesherbes prévit le piége ; et le ministre déconcerté, se trouva réduit à rendre hommage à la vertu qu'il voulait opprimer.

M. de Maupeou avait été créé chancelier, à la place de M. de Lamoignon : or, c'est dans cette circonstance que la faveur avait obtenu un triomphe sur le mérite. Celui qui aurait pris conseil de l'opinion publique, et qui aurait su discerner l'homme d'état, le citoyen vertueux et éclairé, aurait fait tomber le choix sur M. de Malesherbes. M. de Maupeou ne songeait qu'à augmenter sa fortune et son autorité ; M. de Malesherbes ne cherchait qu'à faire son devoir. L'un n'était arrêté par aucune considération prise dans le bien public ; l'autre n'avait pas d'autre ambition que celle de mériter l'amour du peuple. Le premier possédait peu de ces qualités morales, et de cette sensibilité qui s'attendrissent à l'aspect des maux d'autrui ; qui heureusement servent de contre-poids à la cruauté, et sont (on peut le dire) la sauve-garde du genre humain ; le second n'avait rien tant à cœur que de prendre le parti du faible, de l'innocent, de l'opprimé. L'injustice et l'abus du pouvoir étaient pour lui de grands sujets d'affliction.

Eh ! pourquoi faut-il que des sentiments si généreux germent dans un si petit nombre de cœurs?... Accusons-en la malice, l'orgueil, l'intérêt personnel, ou l'amour de soi, l'esprit de domination ; passions aussi lâches que foudroyantes, qui ont presque envahi la société entière ; qui n'aspirent qu'à des victoires faciles, et qui s'appesantissent de préférence sur la faiblesse et le malheur. Accusons-en le crime, qui ne connaît pas les privations qu'il s'impose, puisqu'il ignore la récompense attribuée au bien. Accusons-en les apôtres du vice, qui ignorent que leur existence ne serait qu'éphémère, si un petit nombre d'hommes n'adoptait des maximes salutaires.

Le 6 avril, M. de Malesherbes étant allé à sa terre, passer les fêtes de Pâques, y fut retenu par lettre de cachet, et là commence son exil, pour ne finir qu'au règne suivant : c'est ainsi qu'on expie des succès. Voilà quelle est la récompense des services rendus. La méchanceté est donc bien à craindre, puisqu'elle atteint aussi la supériorité des rangs, et qu'elle a encore le pouvoir d'opprimer l'innocence et la vertu. Quelle perte pour la magistrature ! quelle perte pour le bien public ! quel empire des passions !... Faut-il que celui que le cri de l'opinion avait appelé aux grandes dignités de l'état, et à être l'organe d'un corps spécialement créé pour protéger et défendre le bien public, et pour le tenir, en quelque sorte, sous sa sauve-garde, en soit banni pour des opinions qui ne peuvent avoir quelque force, qu'en se parant du prétexte de ce même bien public? Quant à la victime qui a été frappée, elle n'en a pas été sensiblement émue pour elle-même; elle a échangé des travaux, des veilles, des anxiétés, et une immense responsabilité, pour un repos et une retraite que la raison, tant qu'elle aura quelque empire, considérera toujours comme honorables. Pendant le long période de son exil, qui dura environ quatre ans, aucun mot de ressentiment ne lui échappa contre les auteurs de la disgrâce que lui avait fait subir son souverain. C'était toujours le même homme qui ne se vengea jamais, et qui ne put oublier un bienfait. Si, dans sa retraite, quelque regret est venu l'affliger, c'est la nécessité de comprimer son cœur, en renfermant les sentiments dont il est affecté, dans un cercle bien plus étroit; c'est l'impossibilité de donner à sa passion dominante de faire le bien, l'extension que comportait un ancien théâtre; c'est, en un mot, la douleur de trouver hors de lui plus de bornes à sa bienfaisance. Disons, toutefois, pour le soulagement des hommes, que la nature avait assez fait pour eux, puisqu'elle leur avait donné pour modèle un grand homme. Disons, que l'atteinte publique fut adoucie par l'espoir qu'il serait un jour rendu à la société et à l'état. Disons, à la louange du magistrat, qu'une pareille injustice lui procura le moyen de se venger de ses ennemis, puisqu'elle lui permit de consacrer tous ses moments à leur faire du bien. Disons, pour l'humanité, que le poids du malheur est allégé par l'injustice et qu'elle l'honore.

Le 12 avril, le maréchal de Richelieu, muni d'un édit du Roi, est envoyé militairement pour supprimer la Cour des Aides; mais la résistance de ce corps auguste, ayant arrêté le Monarque, celui-ci se borna à l'exil. Du reste, l'édit de suppression fesait un tel éloge de cette compagnie, qu'il est lui-même un monument qui l'honore. Le projet de destruction du Parlement, aurait été aussitôt exécuté que conçu, et un simple édit aurait été la seule arme dont il aurait suffi de faire usage, sans la généreuse intervention de la Cour des Aides, qui conservait encore un souffle de vie, et qu'elle employa pour venir au secours du Parlement, avec autant de zèle qu'elle en avait employé pour protéger le peuple. Cette espèce de lutte fit naître l'occasion des belles remontrances de l'année 1771, dont il est facile de reconnaître l'auteur. Elles renferment des sentiments si beaux, si philantropiques, qu'ils lui ont mérité le respect et l'amour de la nation. Il n'y eut pas jusqu'à la cour elle-même, contre laquelle elles étaient principalement dirigées, qui n'en fît une mention distinguée et honorable. Les gens du monde et les gens de lettres leur prodiguèrent, à l'envi, des applaudissements. Voltaire, il est vrai, désireux de plaire au chancelier, dont il avait besoin, essaya de réfuter ces remontrances; mais elles ont résisté à ses attaqués, et ont par là, tourné plus particulièrement à la gloire de leur auteur.

Trois ans après, M. de Maupeou ayant été exilé à son tour, la victoire se déclara en faveur de la justice. M. de Malesherbes revint de son exil et ramena sa compagnie, pareille à une flotte battue par les vents et dispersée par la tempête, qui attend le moment du calme pour se réunir, et qui, aidée d'un vent favorable, rentre dans le port.

Pour la plupart des hommes portés à ne pas envisager la gloire, par rapport à elle-même, mais sous le rapport de la vanité qu'elle présente; enclins à ne pas la considérer sous le simple rapport de l'idée morale qu'elle renferme, ou de la beauté du sentiment, mais sous le rapport des avantages qu'ils pensent en retirer; portés surtout à trouver des douceurs dans la vengeance, un pareil retour eût été un vrai triomphe: mais M. de Malesherbes n'était point un homme ordinaire, et il devait, dans toutes les circonstances, le prouver.

Pour faire oublier l'injustice des autres, il fait tout son possible pour ne pas laisser apercevoir celui qui était destiné à paraître avec tant d'éclat. Que d'autres recherchent les occasions de rabattre l'orgueil d'autrui, d'humilier même ceux dont ils peuvent avoir à se plaindre; lui, s'évertue, au contraire, à les éviter; que dis-je, la honte et la confusion de ses ennemis, le spectacle de leur opprobre, que la vengeance aurait contemplés avec tant de plaisir, n'auraient été pour lui que des objets d'affliction. Les discours qu'il prononça dans cette occasion, sont du vainqueur le plus humble, le plus généreux et le plus aimable : ils respirent la paix et l'amour de l'humanité, la reconnaissance envers le souverain, qui, mieux éclairé que son prédécesseur, avait rendu justice à ce corps auguste de magistrats, et l'avait par là rendu à la société. Ces discours retentissent partout de l'oubli des fautes, du pardon des injures. Ils proclament la bienfaisance, l'indulgence pour la faiblesse et les erreurs, et en général, le tribut que l'homme paie à l'imperfection, et attachent un prix inestimable à l'amour du bien public. La conduite du chef magnanime de cette compagnie, dans une pareille circonstance, est la plus forte condamnation de ces corps implacables, qui fermaient à jamais leur sanctuaire à des hommes recommandables, pour les punir à cause de la manière dont ils avaient agi ; tandis qu'au milieu des circonstances difficiles et délicates, à travers le tumulte et le choc des passions, il est facile à l'homme le plus vertueux et le plus clairvoyant, de varier sur l'interprétation des devoirs ; et c'est alors que les fautes doivent toujours obtenir grâce.

Au milieu des devoirs qu'imposaient à M. de Malesherbes les fonctions de la magistrature, une sagacité peu commune et une grande étendue de connaissances, lui permirent de se livrer, avec succès, à d'autres occupations : je veux parler de la culture des lettres. Aussi son mérite littéraire le fit nommer directeur de la littérature. On lui confia pareillement le département de la librairie, charge que lui ravit, en 1768, le même gouvernement de Louis XV. Et c'est alors que le philosophe de Genève lui écrivit dans les termes suivants : En cessant d'être à notre tête par votre place, vous y serez toujours par vos talents. Témoignage d'autant plus flatteur qu'il émanait d'une plume qui ne flatta jamais.

Mais parmi la foule d'avantages que les lettres procurent à la société, il ne pouvait perdre de vue les connaissances qui, donnant à l'esprit une véritable force, révèlent à l'homme le sentiment de sa dignité et de sa grandeur ; c'est-à-dire, le sentiment de lui-même. Or, ce ne sera jamais dans les préjugés du monde qu'il ira les puiser, il n'y trouverait que des erreurs ; et le philosophe a banni comme avantage, tout ce qui n'est qu'un emprunt fait au mérite d'autrui. Mais son esprit, pour n'être pas aveugle, n'est pas pourtant difficile ; il est au contraire avide de s'arrêter. La beauté et la candeur de son âme ne demandent que ce qui peut plaire aux autres, et en conséquence, qu'à faire des cœurs contents ; et ses jouissances se nourissent et s'accroissent par la satisfaction d'autrui. Heureux par le sentiment de l'équité qui le domine, et qui ne lui permet pas de mesurer autrement les hommes que sur l'échelle du mérite, il foule aux pieds les préjugés des conditions ; il a des couronnes toutes prêtes, et il se hâte de les placer sur la tête de ceux qui, aux qualités de l'âme, réunissent celles de l'esprit : c'est à ceux-là seuls qu'il attribue la prééminence: Aussi, M. de Malesherbes considéra les gens de lettres comme ses égaux. S'il parut supérieur à eux, ce ne fut que par la multitude de ses connaissances, et nul n'a mieux su mesurer sur leur mérite, les égards qui pouvaient leur être dus.

La société du *Journal des Savants*, que le chancelier Daguesseau avait tant protégée, aux séances de laquelle il assistait régulièrement, et qu'il recommanda d'une manière spéciale à son successeur, eut pour précédent M. de Malesherbes. Avec un mérite si distingué, et quel qu'eût été celui de son prédécesseur, dans les fonctions de chef de cette société, il ne pouvait tout au plus y avoir de changement que dans le nom. Et en effet, si on s'aperçut de quelque changement, ce ne fut que par une plus grande modestie, par un plus grand rapprochement entre le chef et les membres, par une plus grande simplicité dans les manières, et par une plus grande cordialité. Son âme, trempée dans les grandes choses, n'était pas susceptible de se démentir dans la diversité des fonctions qu'il exerçait. Aussi, l'organe de cette société lui donna, après la retraite du président, de nombreux éloges, en le peignant avec les couleurs les plus vraies.

M. de Malesherbes (disait-il) était non-seulement un chef qui nous honorait, mais un arbitre plein de lumières et de goût, qui nous instruisait, qui nous éclairait; il était aussi notre ami. Quel autre a mieux su dispenser aux gens de lettres, suivant leur mérite, ces égards et cette considération, prix le plus flatteur de leurs travaux? Sa modestie aura beau rejetter nos éloges, son cœur généreux ne pourra se refuser à la douceur de voir que nous sentons le bien qu'il nous a fait. Il en jouira en voyant que nous en jouissons.

M. de Maupeou le père, premier président du parlement, et M. de Maupeou fils, président à mortier, sollicitèrent, en 1757, une loi, portant peine de mort pour des délits d'imprimerie. Ils couvrirent leurs sollicitations du prétexte qu'il était possible, que des écrits séditieux eussent provoqué l'attentat du 5 janvier de cette année, commis par le malheureux d'Amiens, sur la personne de Louis XV; tandis que tout se réunissait pour donner à croire que certains actes émanés du gouvernement, et surtout les interprétations malignes qui en avaient été tirées, avaient échauffé la tête de ce fanatique. M. de Malesherbes, dans un mémoire sur la librairie, démontra, dans tous les points, l'absurdité d'une pareille mesure.

La matière importante de la taille avait été jusqu'alors traitée superficiellement, ou pour mieux dire, n'avait pas encore été traitée. Louis XVI, parvenu à la royauté, sentit le besoin de connaissances positives à cet égard; et en 1775, après le rétablissement des cours de magistrature, il fit à M. de Malesherbes, la demande d'un ouvrage sur la matière des impôts. La production qui sortit de la plume de ce Magistrat, sous le titre de *Remontrances de la Cour des Aides, relatives aux impôts*, monument plein d'érudition et de génie, et qui atteste en même temps le sentiment du bien public et l'amour des devoirs qui caractérisaient éminemment ce Roi, répondit pleinement à l'attente qui en avait été conçue, et est, on peut le dire, le meilleur ouvrage de M. de Malesherbes, sur les impôts.

Un pareil écrit, qui offre un traité complet sur cette partie de l'économic politique, devrait être le livre classique des Rois et des hommes d'état, le manuel des administrateurs en matière de finances. C'est là que l'orateur a l'art inappréciable de placer la vérité sur les marches du trône, de manière que le prince qu'elle doit éclairer n'ait point à en rougir.

« Les hommes qui gouvernent (dit-il) devraient » se pénétrer de cette grande vérité, que ce n'est » qu'aux dépens des peuples, qu'un Roi est vain- » queur de ses ennemis, magnifique dans sa cour, » et bienfaisant envers ceux qui l'environnent : » l'expérience des siècles a appris aux nations à » ne demander aux rois, que les vertus qui font » le bonheur des hommes. »

On connaît le mémoire qu'il fit sur le mariage, et, en général, sur l'état civil des Calvinistes et des Luthériens français. On peut juger de son mérite, par le succès qu'il eut et par l'effet qu'il produisit.

On sait que Louis XV avait un grand éloignement pour les protestants ; que la déclaration de l'année 1724 avait encore renchéri sur la sévérité des lois pénales de son bisaïeul ; et que pendant la longue durée de son règne, il n'avait jamais voulu entendre parler d'aucun adoucissement légal au régime oppressif et tyrannique, sous lequel était courbée cette portion de ses sujets : on sait particulièrement que parmi le grand nombre de vexations et d'injustices qu'on exerçait contr'eux, la confiscation des biens était facilement appliquée, et que leurs enfants provenus de mariage, n'étaient pas considérés comme légitimes; mais on sait aussi, que malgré des dispositions aussi peu bienveillantes pour les sectateurs du culte réformé, lorsque ce prince mourut, il y avait déjà plusieurs années qu'une sorte de tolérance silencieuse, fruit du progrès des lumières, et de cette philosophie qu'il faudrait louer quand elle n'aurait produit que ce bien, protégeait déjà les protestants contre l'oppression ; que, malgré la dépravation des mœurs, l'humanité était la vertu du siècle, et que l'opinion, devenue toute puissante, commandait la tolérance et la philantropie : mais on doit dire, avec raison, que c'est à l'ouvrage de M. de Malesherbes, que nos frères, autrefois errants et infortunés, sont redevables d'avoir été traités en hommes, en frères, en véritables concitoyens. Spécialement, c'est à l'ascendant que sa pensée généreuse avait sur la personne de Louis XVI, qu'est due la décision de ce Monarque, intervenue à la suite d'une assemblée de notables, tenue en 1787, qui déclara légitimes les enfants provenus de mariage entre protestants.

Grâces soient donc rendues à l'ami des hommes, à celui qui, en découvrant des erreurs, et en sapant des préjugés, a mis au jour les maximes salutaires de l'humanité. Honneur à celui qui a fait tomber des mains le poignard du fanatisme, et a arrêté la persécution. Honneur immortel à celui qui a voué à l'animadversion publique, les doctrines pernicieuses et anti-sociales.

Dans cet écrit, et dans d'autres ouvrages polémiques, rien n'égale la manière dont il traite les questions les plus délicates. C'est là que l'adversaire disparaît à travers les ménagements de la partie qui l'attaque. Dans la défense, point de ton qui annonce le dédain de répondre, et qui révèle la malice, moins encore la jalousie : cette passion est d'ordinaire l'apanage de la médiocrité. Point d'animosité contre celui, qui, en gourmandant l'opinion, a choqué la vanité et l'orgueil. Point de rancune contre ceux qui ont osé reprendre des erreurs. Aucune objection n'est, là, éludée ; elle est au contraire avidement écoutée, mais soumise au creuset de l'examen et de la réflexion. Elle est même souvent prévenue ou appelée; et la loyauté de la partie qui attaque, en dédaignant les victoires remportées par surprise, et toujours faciles, fournit à son adversaire des armes qui donnent plus de mérite au vainqueur. On ne trouve là nulle trace de cette sorte de manie orgueilleuse de trouver des absurdités dans tout ce qui s'écarte de son opinion. Point d'avis soutenus, parce qu'on a commencé de les mettre en avant. Partout respire, au contraire, la crainte modeste de trop abonder dans son propre sens. Le ton de sarcasme, les allusions malignes, la plaisanterie, le ridicule, arme toujours terrible, et qui n'est employée que par les âmes étroites, en sont sévèrement bannis. La personne qui ne marche qu'avec l'escorte des passions, disparaît, pour faire place à la matière qui est traitée. C'est la raison et la vérité qui se montrent seules ; elles, qui rarement ont assez de forces, l'une, pour terrasser l'injustice, l'autre, pour déconcerter l'erreur, et qui, foulant aux pieds tout ce qui leur est étranger, sont sans ménagement, et n'ont des yeux que pour la vérité et la raison : et le combat est soutenu avec une telle douceur, et en même temps avec une telle force de raison, que l'adversaire prêt à être terrassé, se relève; et l'illusion est si complète, qu'il finit par oublier qu'il a soutenu des opinions différentes de celles qu'a exposées son vainqueur. Si celui-ci se félicite d'avoir fait un prosélyte, l'autre lui rend grâce de lui avoir fait abjurer des erreurs. Enfin, partout on trouve des traces bien marquées de cette modération qui caractérise tous les écrits de ce savant Magistrat. Partout, les droits de l'humanité sont exposés et défendus avec le ton le plus aimable et le plus entraînant, de telle sorte, que l'esprit le plus prévenu, ne peut résister à la force de ses arguments, ni une âme sensible au charme de la vertu.

Parmi les représentations sages et judicieuses qu'il a adressées aux souverains, on doit citer ses admirables remontrances contre les édits subversifs des années 1770 et 1771. Elles ont fait dire à Laharpe, que de pareils discours sont des modèles de bon goût, dans un siècle de phrases ; comme ils sont des monuments et des leçons de vertu, dans un siècle de corruption.

C'est conformément aux protestations et aux doctrines insérées dans de pareilles remontrances, que M. de Malesherbes disait à Louis XVI lui-même : « Il existe deux partis dans le royaume ; d'un côté, » tous ceux qui approchent du souverain; de l'autre, » tout le reste de la nation. Il faut donc qu'un Roi » qui veut être juste puise ses sentiments dans son » propre cœur, et ses lumières dans celles de la » nation. »

Les hommes sages et éclairés s'entendent, à de grandes distances de temps et de lieux, sur les moyens d'être utiles à l'état, et favorables à l'humanité. Fénélon, cet autre apôtre de la vertu, avait, cent ans auparavant, fait entendre le même langage.

Celui qui fesait un si noble usage de la raison, de ce résultat heureux de l'intelligence, et qui en connaissait tout le prix; celui qui était convaincu de la véritable dignité de l'homme, ne devait pas négliger le mobile qui, seul, ne connaissant pas de subordination, rend l'homme véritablement souverain et surtout libre ; je veux parler de la pensée ; il devait donc la prendre sous sa protection : aussi, il fit un mémoire sur la liberté de la presse. Il considéra toujours, avec raison, la presse comme la véritable parole écrite et répandue ; l'écho et la puissance de l'intelligence qui se développe. Sa doctrine à cet égard, mérite d'être citée. Et dans l'intérêt de la vérité et de la propagation des lumières, ne craignons pas de trop multiplier les citations, puisqu'il est question des propres écrits de M. de Malesherbes.

« Si on continue (disait-il) de restreindre la liberté

» de la presse, elle saura s'établir d'elle-même avec » le temps, par la connivence perpétuelle des ache- » teurs avec les vendeurs; par la disposition des esprits » ou par l'opinion publique. » Il ajouta que la prohibition porte à la curiosité, et que l'impression dans le pays étranger et le débit clandestin d'un livre, lui attirent plus de lecteurs. Néanmoins, et politiquement parlant, son avis ne tend pas à la liberté absolue de la presse; mais à cette liberté sagement modifiée. Spécialement, il ne croit pas qu'elle puisse être établie en France, sans restriction, comme elle l'est en Angleterre, où quiconque a le droit de faire imprimer ses opinions, à ses risques, périls et fortunes.

Et, en effet, observons qu'en général, l'opposition a la vertu d'enlever aux gouvernements des états, leur force et leur puissance morale, à tel point, qu'elle finit, à la longue, par anéantir l'autorité politique. Voilà pourquoi la presse libre est la vie ou la mort des gouvernements, suivant qu'elle leur est favorable ou opposante. En France surtout, et conformément à l'opinion de M. de Malesherbes, l'opposition est une arme beaucoup plus terrible qu'en Angleterre. Le caractère anglais est méditatif, mesuré, grave, froid, arrêté sur toutes choses, et ayant, par-dessus tout, un instinct profond de nationalité. C'était bien plus chez les gouvernements anciens, et particulièrement dans les beaux temps des républiques de la Grèce et de Rome, où l'amour de la patrie était le mobile qui agitait toutes les âmes, et qui dominait tous les esprits; qui étouffait, par conséquent, tout sentiment d'intérêt personnel ; ce qui produisit tant de choses qui nous étonnent, et tant de merveilles auxquelles nous avons peine à croire. C'est là que la liberté illimitée de la presse, aurait été plutôt favorable que funeste au gouvernement. En France, au contraire, avec la légèreté, l'inconstance de l'esprit, avec ce sentiment de mépris ou de dégoût pour toute idée de fixité, et cet amour de changements et d'innovations qui est dans le caractère et les mœurs de la nation, l'opposition ne se borne pas à un simple examen ; elle est encore une puissance et un moyen de renversement. Elle ne cherche pas, en effet, a contrôler le pouvoir, afin de l'éclairer, et de le diriger dans les bonnes voies, et dans des vues larges d'intérêt national : ce n'est jamais, en un mot, une opposition sérieuse, sage et réfléchie, empreinte de l'amour du bien public ; mais une opposition systématique de renversement et de caprice, toujours légère et mesquine, s'agitant dans un cercle étroit, et calculée par l'esprit de coterie et d'intérêt personnel; par conséquent, aussi fatale qu'elle puisse l'être pour le gouvernement d'un état.

Spécialement, ajoutons, qu'il n'est que trop vrai, que tant que la société française ne s'appuyera pas sur des traditions certaines et bien arrêtées ; tant que les partis ne seront pas disciplinés, et résignés à obtenir légalement, toutes les améliorations qu'ils ont en vue, et toutes les réformes qu'ils désirent, la royauté et le principe fondamental du gouvernement en France, ne sauraient être livrés à la discussion publique, sans un immense péril pour l'état.

N'entendons pas, cependant, rien contester aux droits d'une critique mûre et bien entendue ; je veux parler du rôle qui appartient à l'opposition constitutionnelle ; c'est-à-dire, à l'opposition légale et parlementaire, dont la tâche et la polémique consistent à discuter les actes du gouvernement, à les censurer au besoin, et surtout à relever ses erreurs ; c'est celle qui constitue, à proprement parler, la presse opposante : et il faut bien se garder d'associer cette dernière aux actes de cette opposition passionnée et évidemment hostile ; en un mot, de les assimiler ; car elles sont aisément confondues chez les esprits peu éclairés : ils se laissent, en effet, aller par une pente qui ne semble que trop naturelle à les confondre, comme tendant l'une et l'autre à un seul système et au même but ; c'est-à-dire, au renversement des gouvernements et des institutions qui les régissent.

Il est à regretter que quelques autres mémoires précieux sur la liberté de la presse, que M. de Malesherbes avait laissés, aient été anéantis par les vandales de 1793. Entre autres choses remarquables, il y avait exposé les raisons qui le portaient à excepter de cette même liberté, les livres dont les doctrines tendent à l'athéisme, et qui sont subversives des bonnes mœurs.

Dans un autre mémoire sur les avocats, il expose, avec son habileté ordinaire, de quelle importance est leur ministère et pour le public, et pour les infortunés : notamment, dans tout ce qui se rattache à la liberté, pour ainsi dire illimitée, dont ils jouissent dans leurs plaidoyers et mémoires. Il élève fortement la voix, en disant, que cette liberté est l'unique sauvegarde des citoyens.

Je serais digne de blâme, si je passais sous silence un fait important. On ne m'accusera donc pas de chercher à ravir à la mémoire de M. de Malesherbes, le juste tribut de reconnaissance dont le public est encore peut-être à s'acquitter envers lui, pour un mémoire qu'il fit sur la nécessité de diminuer les dépenses. Il fut favorablement accueilli par le Roi, mais rejetté par le premier ministre.

Peuples, je m'adresse à vous : en parlant le langage de la vérité et de la raison, et en épousant vos intérêts, je ne dois pas vous être suspect, et je ne dois pas craindre d'encourir vos reproches. Si, du milieu de vous, une main téméraire et hardie osait se lever, pour effacer des constitutions des états, l'établissement des impôts; si toutes les fois même, on en sollicitait la diminution, ou qu'on s'opposât simplement, et dans tous les cas, à une augmentation de charges, nous serions les premiers à nous élever contre vous, et en déployant une véritable énergie, à vous déclarer que vous méconnaissez vos propres intérêts ; que dans l'économie des sociétés, les impôts leur donnent la vie, et leur impriment le mouvement dont elles ont besoin ; que s'il y a des circonstances qui doivent porter à les diminuer, il y en a d'autres qui en sollicitent le maintien et même l'augmentation, et qu'il appartient au législateur et à l'homme d'état de savoir saisir les différentes nuances, de les apprécier, en y faisant les applications nécessaires. Mais éclairés par le flambeau de cette même raison, disons avec autant de confiance que d'impartialité, que des paroles de diminution de dépenses et par conséquent d'impôts, et par suite de soulagement pour le peuple, s'étant échappées de la bouche de celui que son mérite et sa position éminente, mettaient à même de tout examiner, et de manifester des opinions saines, c'étaient de pareils avis qui devaient prévaloir et qui devaient être érigés en lois ; et que ce n'était jamais un ministre accoutumé à écouter ses passions, et à séparer sa personne des intérêts publics, qu'il avait néanmoins mandat de défendre, dont les avis devaient prévaloir.

Et vous, Rois ! persuadé que quelque dure que paraisse la vérité, elle est néanmoins nécessaire et profitable à vous mêmes, ayons le courage de vous la dire, au milieu de tant de personnes qui cherchent à vous la cacher. Vous n'ignorez pas que vos intérêts sont inséparablement liés à la bienveillance publique. Livrés à vous seuls, il dépend de vous, il dépend d'une noble fermeté, qu'il vous est loisible de déployer, de vous soustraire à toute influence étrangère. Les lumières de votre éducation, et les sentiments généreux que vous y avez puisés, vous en facilitent le moyen. C'est eux qui ont écrit en gros caractères sur les murs de vos palais, que si les Rois peuvent ne pas fermer l'oreille à ceux qui les entourent, ces conseils n'étant le plus souvent que le langage des passions particulières, et conséquemment intéressés, celui qui tient les rênes de l'état, ne doit se décider que d'après lui même. Le pouvoir immense qui vous est attribué ne donne pas souvent des bornes à votre bonté. Le premier mouvement qui s'échappe de votre cœur est pour le bien ; mais c'est à des considérations particulières et à des motifs frivoles que vos propres intérêts sont souvent sacrifiés ; c'est d'eux que dépend le sort des nations.

L'analyse exacte et détaillée de tous les ouvrages de M. de Malesherbes nous menerait trop loin, et sortirait du cadre que nous nous sommes tracé. Plein de respect et même d'enthousiasme pour le génie et l'éloquence de Buffon, une grande variété de connaissances dans les diverses parties de l'histoire naturelle, l'empêcha de fermer les yeux sur les erreurs de ce savant naturaliste, et sur ses critiques hasardées. L'ouvrage important qu'il fit sur cette matière, resta manuscrit jusqu'à la mort de l'auteur, et il n'a été publié qu'en 1793, par les soins de M. Abeille, un de ses amis.

Dans la critique renfermée dans cet ouvrage, il n'emploie pas ce fiel amer qui rend odieux l'homme de goût. Partout il relève le talent de l'écrivain qu'il analyse ; partout il le montre déployant de grandes idées, s'élevant à la hauteur de la nature pour tacher de lui arracher ses secrets, et de pénétrer ses oracles, et suppléant à son silence par d'ingénieuses analogies. S'il relève des inexactitudes, soit dans les faits que le naturaliste rapporte, soit dans les jugements qu'ils amènent, soit sur ses méprises en botanique, en chimie et en minéralogie, ce n'est toujours qu'avec modération. Il critique surtout la pente vers laquelle est entraîné l'auteur à faire un comble à l'édifice des mondes, tandis que les bases n'en sont point encore assises sur l'expérience.

Mais les ouvrages que l'impression a fait connaître, ne sont pas les seuls que sa plume a produits ; on peut encore citer un ouvrage sur l'économie rurale, resté inédit. Il a, de plus, laissé d'autres manuscrits précieux ; et il est à regretter que toujours porté à se juger trop sévèrement, il en ait jeté au feu un grand nombre, et que plusieurs se soient perdus.

En général, dans tous les ouvrages qui sont sortis de sa plume, il donne, soit aux magistrats, soit aux ministres et aux autres hommes puissants, un juge suprême et incorruptible dans le public ; un juge dont on doit toujours briguer les suffrages, puisque ses arrêts énoncent des opinions morales qui, embrassant un ensemble vaste, sont hors de tout contact étranger : ils ne peuvent dès-lors, être dictés par les petites passions qui trop souvent corrompent les jugements particuliers, et quelquefois les faussent.

Les académies de France, qui de tous les temps ont été composées de tout ce qu'il y a eu d'hommes d'élite, recommandables dans toutes les branches des connaissances humaines, et qui, loin de sacrifier à la faveur, n'ont distribué des palmes qu'au vrai talent, ne pouvaient demeurer étrangères au mérite de M. de Malesherbes. Or, c'est après son honorable victoire remportée sur le despotisme ministériel, qui amena le rétablissement des cours de justice, et après être devenu l'amour et les délices de la nation, qu'il fut reçu, le 16 janvier 1775, à l'académie française, à la place de M. Dupré de Saint-Maur. (Il avait été nommé membre honoraire de l'académie des sciences, en 1750, et de l'académie des inscriptions et belles-lettres, en 1759.) Il était, par conséquent, membre des trois grandes académies de Paris.

Si je disais qu'on aurait vainement cherché dans ces temps, un homme qui eût été plus digne que lui, de ce triple honneur ; qu'on en avait été tellement avare dans tous les temps, ou pour mieux dire, que ceux qui l'avaient mérité, avaient été tellement rares, qu'il n'avait été décerné, parmi les gens de lettres, qu'à M. de Fontenelle, et parmi les membres honoraires, qu'à un petit nombre d'hommes choisis, ce ne serait-là que l'expression de la vérité, et cependant, la méchanceté pourrait encore taxer ce langage d'adulation. Mais quoi! serait-ce en assignant à la franchise, un rang distingué sur les autres qualités? Serait-ce, parceque je mets un intervalle immense entre un homme ordinaire et celui qui plane si éminemment au-dessus des autres? Mais je parle de M. de Malesherbes, je trace le tableau de sa vie, et je dois me mettre à niveau de mon sujet. Malheur aux âmes étroites et lâches, qui prostituent l'art de penser, et qui ne brûlent de l'encens que pour l'idole de la flatterie. Il n'est que trop vrai, que dans la plupart des éloges on court à l'adulation; mais celui que je trace n'en a pas besoin : il se suffit à lui-même par la seule vérité. Un sentiment différent ternirait un grand caractère ; et je serais doublement coupable, si, en proclamant la vertu, j'osais sacrifier à la flatterie.

L'Académie rendit hommage à la prodigieuse variété et à la profondeur des connaissances de M. de Malesherbes. Il fut d'une grande utilité aux trois académies qui l'avaient reçu dans leur sein : Et il leur arriva très souvent, et en particulier, à l'académie des sciences, de lui écrire pour le consulter sur des points scientifiques, qui faisaient, en partie, l'objet des travaux académiques. Quelles étaient ses réponses ?..... Ici la modestie va parler : c'était son sentiment dominateur, celui dont il était idolâtre. « Je ne sais dans cette partie (répond-il aux questions qui lui sont adressées) que ce que tout le » monde sait ; elle n'a pas été l'objet particulier de » mes travaux, seulement »...... et ce mot était toujours suivi d'une dissertation savante, profonde et méthodique, qui remplissait pleinement le vœu de l'académie.

Des titres si éclatants à la reconnaissance publique, et à la confiance du monarque, devaient conduire ce savant magistrat au faîte du pouvoir. Il parvint, en effet, deux différentes fois, en 1775 et en 1787, au ministère ; ou pour mieux dire, et pour rendre encore hommage à sa modestie, il fut, en quelque sorte, forcé d'y entrer.

Mais avant de faire figurer M. de Malesherbes sur le théâtre ministériel, organe de la vérité, je serais inexcusable de me départir de la marche qu'elle me trace, surtout lorsqu'il s'agit d'un homme qui faisait figurer la vérité parmi le nombre de ses idoles. Il est donc de mon devoir de détruire une imputation calomnieuse, dirigée contre la mémoire de M. de Malesherbes, et d'autant plus accréditée, qu'elle émane des partisans de la royauté, parmi lesquels il s'honorait aussi de compter. Ils l'accusent d'avoir, dans la fameuse remontrance du 18 février 1771, et sans avoir des motifs plausibles, donné, le premier, l'idée de convoquer les états-généraux. Et cette opinion semble acquérir plus de force, par la chaîne des évènements désastreux qui semble se rattacher à cette époque.

Et d'abord, philosophiquement parlant, remarquons qu'une connaissance même non approfondie de l'homme, fait suffisamment connaître que celui qu'on appelle parfait, est celui qui offre le moins de côtés faibles, défectueux ou repréhensibles, et que, sous ce rapport, il paye toujours tribut à l'imperfection de son espèce. Et s'il pouvait être vrai que le reproche aussi légèrement que faussement adressé à M. de Malesherbes, pût avoir quelque fondement, cette considération générale, quoique simple, serait capable de l'anéantir; mais si de là, nous passons à ses développements, nous le détruirons de fond en comble, et il ne restera pas la plus légère trace des prétendus torts de M. de Malesherbes.

Pour cela, on se demandera, en premier lieu, quel est celui qui, avec la pureté intentionnelle la plus complète, les lumières les plus étendues, l'expérience la plus absolue, et la sagacité la plus distinguée, peut connaître les suites qui découlent des évènements? Quel est celui qui a le pouvoir d'asservir les hasards? Qu'on me montre celui dont la perspicacité et l'étendue d'esprit, peuvent calculer l'immensité des rapports, et, pour ainsi dire, commander au destin? Des circonstances imperceptibles (et la plupart des circonstances ne sont-elles pas de cette nature?) n'échappent-elles pas au jeu de l'attention? Est-il possible de pénétrer dans les faits que la raison la plus sévère et l'attention la plus soutenue, présentent comme indifférents, et qui renferment toutefois un germe, qui plus tard développé, ou combiné avec d'autres éléments indépendants de nous, ou pour mieux dire, asservis au hasard, ont produit les conséquences les plus désastreuses, les suites les plus fatales? Dans toute la carrière de la vie humaine, et quelles que soient les leçons destinées à éclairer l'expérience, n'est-on pas forcé de convenir que ce qui arrive de favorable, souvent contraire ou différent de ce qui faisait l'objet de nos vœux, est une des preuves les plus complètes de la subordination plus ou moins absolue, dans laquelle nous sommes à l'égard de tout? Si l'on pouvait saisir le fil des évènements, pour ne le quitter que lorsqu'on serait parvenu à l'extrémité, ne verrait-on pas clairement la chaîne, quelquefois imperceptible, qui les lie d'une manière plus ou moins éloignée? Et n'arriverait-on pas alors à la démonstration complète comme à la conséquence irrésistible, que les plus grands résultats, c'est-à-dire, les évènements les plus graves et les plus importants, sont souvent liés aux plus petites causes? Et pourquoi cette combinaison compliquée, pour ne pas dire infinie, des évènements, ne réduirait-elle pas celui qui serait pourvu de la faculté de pouvoir les bien étudier, de les bien discerner, et d'en pénétrer toutes les suites, à la cruelle nécessité de combattre souvent, contre lui-même, je veux dire, pour saisir le bonheur dans le lointain, d'appeler présentement le mal ? Et cela est tellement vrai, qu'il arrive journellement aux hommes, de se promettre les succès les plus éclatants, et les plus grandes jouissances dans leurs entreprises, tandis qu'elles n'ont servi qu'à éclairer le repentir, en indiquant la source de l'erreur, de la détresse et du désespoir.

Passant à la politique, je le demande, quelque éminente que soit la dignité dont on est revêtu, quels que puissent être les rangs politiques dans lesquels on se trouve placé, et quelque à portée qu'on soit d'apercevoir la chaîne des rapports, et les différentes manières dont ils se lient entr'eux, est-il possible à l'esprit le plus étendu et le plus pénétrant, de connaître parfaitement tous les ressorts du mécanisme politique, et de soumettre son mouvement à un calcul régulier et exact? Avec la bonne foi la plus complète, n'est-il pas des circonstances difficiles et délicates, dans lesquelles les inconvénients et les avantages de la détermination à prendre, se balancent, au point qu'ils laisseraient le sage même, dans la perplexité et l'inaction, s'il ne jugeait encore plus sage de prendre une détermination active? Dans le tumulte des idées qui se présentent, qui se heurtent à raison des circonstances, au point de vous éblouir, et qui produisent une sorte d'ivresse ou d'étourdissement, quelque heureuse que soit l'organisation dont on est doué, n'est-il pas facile d'embrasser l'erreur ? Quelque faible que soit la somme d'avantages qu'une détermination mette dans la balance, n'est-ce pas encore là un motif déterminant pour agir ?

Quelle que soit la force de ces raisons, bien capables de justifier M. de Malesherbes du reproche qu'on lui fait, rapportons ses propres paroles ; elles sont doublement honorables pour lui, parce qu'elles respirent les sentiments philantropiques, dont il était animé en faveur du peuple, qui ne prenaient rien de ceux qui l'affectaient en faveur du Monarque, et qu'ils annoncent le courage avec la plus grande énergie.

« Un seul homme, ennemi du peuple et de la
» magistrature, (disait-il à Louis XV), règne des-
» potiquement, vous soumet vous-même à son
» joug, et vous ferme l'oreille à nos justes récla-
» mations. Vous ne voulez entendre aucune de ces
» compagnies auxquelles est commis le soin de
» faire parvenir jusqu'à vous la vérité ; on vous
» les a toutes rendues suspectes. Vous ne voulez
» entendre non plus, ni les grands du royaume, ni
» même les princes de votre sang, qui ne doivent
» cependant pas vous être suspects. Que vous
» reste-t-il donc, sinon que vous interrogiez la nation,
» dès qu'il n'y a plus qu'elle qui puisse être écoutée
» de votre majesté. »

Il n'y a qu'à entendre ces paroles, pour voir d'un clin-d'œil l'imputation disparaître ; elles n'ont pas besoin de commentaire. Qui ne voit, en effet, qu'elles ne renferment aucune demande, pas même de conseil; mais seulement, une représentation à la fois énergique et judicieuse, en faveur du Roi et de la nation, et une diatribe violente, et pourtant vraie, contre le premier ministre; diatribe dont les dernières expressions sont le signal du danger et l'accent du désespoir; une mesure indiquée tout au plus comme dernière ressource. D'ailleurs, comme la Cour des Aides était une institution émanée d'une assemblée d'états-généraux, on peut ajouter, en faveur de M. de Malesherbes, qu'il pouvait ne s'être exprimé ainsi, que par rapport à une espèce de déférence qu'il pouvait avoir pour cette compagnie. Disons, au surplus, pour une plus ample justification, que lorsque M. de Malesherbes, parlant au nom de la Cour qu'il présidait, disait au prince, au sujet de la crise qui se présentait, d'entendre la nation elle-même, une pareille mesure offrait, à cette époque, un moyen assuré de sauver l'état en le régénérant; et par là, de prévenir toutes les secousses et tous les malheurs : mais rentré au conseil du Roi en 1787, sous le ministère de M. de Brienne, et lorsque d'après la demande expresse de ce ministre, tendante à la convocation des états-généraux, il n'y eut plus aucun doute sur l'accomplissement d'une pareille mesure; et surtout, lorsque les mauvaises dispositions des esprits qui étaient d'autant plus à craindre, qu'elles prenaient pour prétexte le bien public, lui furent connues, il manifesta des opinions différentes, et soutint deux grandes disputes contre les partisans des assemblées générales de la nation. Dans l'une d'elles, il eut la prévision des évènements qui se sont accomplis, et on n'en tint pas compte. Dans la seconde, passant en revue l'histoire des états-généraux, il remarqua que la disposition des esprits était pire que sous le règne du roi Jean, sous celui de Philippe-le-Bel, du temps de la régence de Charles V et de l'époque de la ligue. Et la chaleur qu'il mit dans cette discussion, était le signe d'une âme fortement pénétrée, comme elle était l'indice et la prévoyance des plus grands malheurs.

Dans ces luttes, il s'attacha principalement à avertir le Monarque, que l'ancienne forme des états, ne devait pas subsister, parce qu'elle introduirait une aristocratie également funeste à l'autorité royale et à la nation; que l'ancienne constitution des états-généraux, introduirait une autre aristocratie encore plus dangereuse, celle de la noblesse et du clergé, qui au fond étaient le même corps, puisque le haut clergé se composait, en grande partie, de la haute noblesse. Enfin, il représenta que ce vice de la constitution, peu important lorsque les assemblées de la nation ne faisaient que de simples doléances, seraient la perte de l'état lorsqu'elles auraient acquis une autorité réelle.

Sous tous les rapports, que la calomnie ne poursuive donc pas cet homme respectable; qu'elle s'incline surtout devant sa pureté intentionnelle qui a traversé, si dignement, les orages de la vie; car de pareilles attaques seraient des attentats contre la divinité, dont le véritable sanctuaire dans ce monde, est dans le cœur de l'homme vertueux.

M. de Malesherbes, muni du porte-feuilles ministériel, avait cessé de présider la Cour des Aides; mais un esprit supérieur et un caractère d'une si haute vertu, exercent irrésistiblement une influence quelconque sur ceux qui les entourent. Quoique séparé de cette compagnie, il n'en était pas tout-à-fait absent, et ses traces étaient encore fraîchement marquées dans l'esprit et le cœur des autres membres. Aussi, loin de nous de leur attribuer aucun sentiment de jalousie. Une noble émulation, qui n'avait d'autre motif que d'indiquer le chemin pour arriver au modèle qu'on se proposait d'imiter, aussi honorable pour ceux qui la ressentaient, que pour celui qui en était l'objet, était le sentiment dominateur de ce corps de magistrats. Mais tant il est vrai qu'on ne connaît le bien, ou du moins toute son étendue, et qu'on ne l'apprécie que lorsqu'on en est privé, ce fut précisément à l'époque de l'élévation de M. de Malesherbes au ministère, qu'ils sentirent toute l'étendue de la perte qu'ils venaient de faire. De là, l'abandon aux regrets les plus amers et les plus cuisants, et le vide difficile, pour ne pas dire impossible, à remplir, qui se manifestèrent dans l'enceinte de ce corps de magistrats. Aussi, vivement entraînés par cette pensée, ils n'eurent rien de plus pressé que de prendre une délibération, à l'effet de se transporter en corps auprès du chef qu'ils venaient de perdre, chose qui fut effectuée, et dont il fut convenu néanmoins qu'on ne tiendrait pas registre ; parce que les cours de justice n'allaient en corps que chez le Roi. Distinction éclatante et toute neuve, en effet, et qui fut amenée plutôt par la nécessité de manifester des regrets et d'épancher la reconnaissance en faveur de celui à la fermeté duquel cette compagnie devait son rétablissement et son existence, que pour répandre des sentiments de félicitation.

Il fut ensuite question de nommer à la place de premier président de la Cour des Aides, devenue vacante. Or, ce sera précisément la circonstance destinée à combler le vide laissé par M. de Malesherbes, qui lui fournira encore un titre d'honneur.

Le président *de Bois-Gibaud*, en reçevant M. de Barentin, dans la place de premier président de la Cour des Aides, s'exprime de la manière tout à la fois la plus énergique et la plus flatteuse, en faveur de celui qu'il s'agissait de remplacer.

Vous venez, dit-il à M. de Barentin, occuper parmi nous une grande place, et succéder à un grand homme. Vous ne demandez pas le prix que vous venez de nous coûter ; mais vous obtiendrez l'éloge le plus flatteur, en méritant celui d'avoir adouci de tels regrets.

Arrivé au pouvoir ministériel, M. de Malesherbes, avec son vertueux ami Turgot, s'appliqua à donner à l'état, une organisation et une marche nouvelles, analogues aux circonstances et à sa position politique. Les finances étaient dans l'état le plus déplorable, et étaient retombées dans le cahos d'où le génie de

Colbert les avait retirées dans les commencements du règne de Louis XIV. Le gouvernement de son successeur se signala par des déprédations plus grandes et plus manifestes encore. Les lumières du temps, et les fruits de la philosophie, avaient fait connaître des vérités, qui, depuis longtemps, étaient restées inconnues et cachées. Les idées libérales, en donnant aux esprits une forte impulsion, leur donna aussi l'impatience d'arriver aux choses nouvelles, dans lesquelles les contrariétés et le malheur voient toujours le bien. La population, qui déjà s'était accrue considérablement sous le règne de Louis XV, et qui marchait à grands pas vers une augmentation nouvelle, et sans proportion avec les ressources et l'économie politique de l'état, augmentait les embarras et fournissait des motifs à la malveillance. L'époque où le nouveau ministre entra en exercice, n'était pas celle où l'ensemble du gouvernement et de l'administration étant bien organisés, les détails coulent d'eux-mêmes ; où l'impéritie et la nullité peuvent facilement prendre un masque, et échapper aux investigations du public ; mais une époque où la machine politique ayant besoin d'être réparée, et même organisée sur un pied nouveau, demandait la main de l'ouvrier, je dis plus, d'un ouvrier habile ; une époque de crise, où il fallait travailler en grand, et en même temps descendre dans les plus petits détails, et coordonner le tout suivant le nouvel état des choses. Telles furent les difficultés contre lesquelles il fut question de lutter. Telles furent les opérations importantes qui occupèrent le génie du nouveau ministre, et qui demandaient toutes les lumières et les talents d'un homme d'état.

Quels que soient les vices du gouvernement, ou les obstacles plus ou moins généraux qui entravent les progrès des sciences et des arts, l'administration d'un grand homme n'est jamais totalement perdue pour eux. Elevé, pour ainsi dire, au faîte du pouvoir, son œil se promène sur un vaste théâtre, et se trouve à portée d'en embrasser l'ensemble. C'est lui qui gouverne, on peut dire, les évènements, qui les fait naître, qui les retarde et qui les arrête à son gré. Ce sont tout autant de fils, qui viennent se réunir jusqu'à lui en faisceau, et dont il tient les extrémités. C'est lui qui en calcule la force ou la faiblesse, qui en mesure l'influence et qui en détermine le mouvement. C'est encore lui qui rapproche, assemble et compare les rapports éloignés, pour les faire coordonner au bien général et à l'harmonie du tout; et cela le met à même de donner une impulsion plus ou moins forte, à l'ordre des choses. Son esprit s'évertue à réunir les résultats fournis par l'expérience; à prendre pour l'avenir des modèles dans le passé, et à prévenir d'anciennes erreurs; et cet exercice le met souvent sur la route des évènements, s'il ne les lui fait pas toujours deviner, de manière à enchaîner, autant que possible, le hasard. Le génie et les talents du nouveau ministre devaient, en conséquence, imprimer à l'administration, même au milieu des imperfections de l'état, un caractère d'utilité et de grandeur. C'est, en effet, dans cet intervalle, que la littérature, prenant un nouvel essor, s'éleva aux matières politiques, et produisit une foule de bons ouvrages sur l'agriculture, les finances et le commerce. Et il était réservé à l'administration d'un homme supérieur, de faire éclore le projet le plus vaste, le plus profond, le plus étonnant et en même temps le plus utile, et d'en faciliter l'exécution ; projet dont la conception première est due au philosophe Bacon. C'est, en effet, sous les auspices de M. de Malesherbes, que fut élevé un monument vraiment digne de lui et de ses savants collaborateurs, le monument de tous les siècles, l'immortelle *Encyclopédie.*

Mais que les qualités recommandables de M. de Malesherbes, qui ont produit des résultats brillants, ne fassent pas oublier celles qui résultent des sentiments de l'âme, et qui rendent inséparables l'impartialité et la tolérance. Elles firent de lui, l'homme le plus juste et le plus tolérant. Heureuse la France, si Charles IX, Henri III et Louis XIV, eussent eu un pareil ministre. Le premier, n'aurait pas à déplorer les massacres de la Saint-Barthélemy ; le second, n'aurait pas à se reprocher les guerres civiles et les autres malheurs des Français, et le troisième, la révocation de l'édit de Nantes.

Quand les Jésuites furent opprimés, il les plaignit et les protégea. Il s'était, au contraire, élevé contre eux, lorsqu'ils avaient été intrigants et oppresseurs. Il semblait n'exister que pour être à portée de corriger, et pour corriger en effet, tout ce qu'il pouvait y avoir de défectueux, et pour rejeter ce qui lui semblait dangereux et inutile. En un mot, il ne semblait né que pour faire le bien. Il n'était pas sans connaître l'abus, et on pourrait dire, l'injustice des lettres de cachet, puisqu'étant magistrat, il avait été victime du despotisme ministériel, et avait été lui-même injustement frappé par lettre de cachet. Louis XVI, en l'élevant au ministère, connaissait parfaitement ses qualités de cœur : il voulut, sans doute, ménager la sensibilité de ce ministre, en lui confiant le département où l'on expédiait le moins de lettres de cachet. Et d'ailleurs, disons que ce ne fut que quand M. de Malesherbes demeura convaincu de la simplicité touchante de Louis XVI, et que si jamais il pouvait être question de lettres de cachet, sa position le mettrait à même d'en épurer la source et d'en adoucir les effets, qu'à la sollicitation de Turgot, alors contrôleur-général, qui avait besoin de son appui pour donner plus de poids aux édits philantropiques qu'il se proposait de faire passer, M. de Malesherbes acheva de se déterminer. Aussi, à peine arrivé au ministère, il se fit ouvrir les portes de la Bastille, interrogea les prisonniers d'état, fit immédiatement élargir ceux qui étaient évidemment innocents, ainsi que ceux qui, par la longueur de leur captivité, se trouvaient déjà trop punis, et ordonna que des soins délicats et des attentions touchantes, consolassent les infortunés, dont les crimes, bien constatés, s'opposaient à leur mise en liberté.

Plus tard, il proposa au Roi de supprimer les lettres de cachet ; et sur l'exposition de quelques cas bien rares, qui pouvaient, si ce n'est les rendre légitimes, du moins les faire tolérer, il ne continua d'en accepter en partie la surintendance, qu'à la condition tacite qu'elles deviendraient, dans ses mains, si semblables aux jugements des tribunaux, que leur inutilité les ferait bientôt abroger. Et en effet, les formalités longues et difficiles auxquelles il fallut se livrer pour les obtenir, les rendaient entièrement semblables à l'acte juridique d'un tribunal ordinaire. Il est alors naturel de croire, et même superflu de dire, que dans le cours de son ministère, il ne se permit pas un seul de ces actes arbitraires.

Il est à regretter qu'ayant demeuré trop peu de temps au ministère, il n'ait pu mettre à exécution le beau projet qu'il avait conçu d'employer la masse entière des détenus aux travaux publics.

D'après d'aussi beaux et de si touchants détails, on pourrait difficilement concevoir que cette âme sensible, au point qu'elle s'épanchait d'elle-même, et sans espoir de retour, pût rester étrangère à la reconnaissance ; aussi, rien n'égale la manière dont elle a correspondu à l'amitié. En s'adressant au Roi, il est impossible de mieux concilier, que ne l'a fait ce ministre, la franchise, le respect et l'amour. Ces deux cœurs s'étaient heureusement rencontrés pour l'humanité ; ils étaient faits pour s'entendre. Il y a plus, ils étaient tous les deux au faîte du pouvoir. Ils dominaient un immense théâtre. Leurs mains allaient répandre sans réserve le bonheur, et cette chimère du monde semblait prête à se réaliser. Elle se serait même réalisée, autant que possible, pour le peuple, si le Roi avait écouté les inspirations de son âme et les mouvements de son cœur, entièrement conformes aux conseils et aux sentiments de celui qu'il avait investi de sa confiance, et qui en avait été si digne. Mais, ô comble des misères ! ô pouvoir des imperfections humaines ! ô fatalité ! ô marche inconcevable des choses du monde ! Pourquoi faut-il que la pureté intentionnelle, l'amour des bienfaits, soient paralysés, même perdus pour l'humanité ? Pourquoi faut-il que les cœurs vertueux arrêtent leur propre élan, eux qui ne respirent que pour le bien ? Pour qui le bonheur d'autrui est un aliment nécessaire, une pensée absorbante ? Qui semblent s'oublier, et même s'anéantir eux-mêmes, pour n'exister que dans les autres ? Eux, dont la passion dominante est l'estime, et qui, hors de là, sortent de leur élément ? Pourquoi n'est-il que trop vrai, qu'il est dans la nature des cœurs bienfaisants, de ne pas se contredire en présence de la méchanceté ? De supposer facilement dans les autres, que dis-je, d'admettre toujours les bonnes intentions ? De prendre, jusqu'à un certain point, les sentiments d'autrui pour modèle, et de résister faiblement à la contradiction ? N'ayons garde, toutefois, de leur adresser des reproches ; mais accusons-en plutôt la malice, l'égoïsme, le bas intérêt, l'intérêt mal entendu, la dureté du cœur, pour laquelle les sentiments généreux sont le néant ; qui, ne connaissant pas les vrais biens de l'homme ; et entr'autres sa dignité, s'est chargée de la haine, et surtout du mépris des autres. Accusons-en la faiblesse, qui, reculant à la moindre résistance, ne cherche que des victoires faciles à obtenir. Aussi, dominés par ces mêmes motifs, élevons un rempart à la vertu; préservons-la de toute contagion du vice. Osons publier la perversité humaine; je veux dire, pour l'honneur du genre humain, celle d'un certain nombre d'hommes. Faisons l'étalage de ses nombreuses victimes; découvrons les blessures qu'elle a faites. Qu'on recule d'épouvante à leur aspect. Dégageons les cœurs bienfaisants de tout point de contact avec elle; il ne pourrait y avoir de pacte qu'à leur préjudice. Que, vouée à l'exécration publique, elle soit bannie du palais des Rois. C'est alors que le déficit qu'il pourrait y avoir dans les finances sera comblé, et néanmoins, le peuple, loin d'être surchargé d'impôts, sera soulagé. C'est alors que le Roi sera heureux par le contentement général. Nul besoin alors d'assemblées d'états généraux. Point de factieux, point de conspirateurs, point de prétextes pour l'être; c'est alors que le sang aura cessé de couler.

En 1787, M. de Malesherbes donna au Roi l'idée de faire des épargnes, et lui conseilla de faire des réformes. Il avait été précédemment nommé à son conseil, et il y entra à cette dernière époque, et suivant ses désirs, sans département; et telle fut l'heureuse influence qu'il y exerça, que Louis XVI fit autant de bien par ses conseils, qu'en suivant son impulsion personnelle. C'est alors qu'au sujet de la résistance qu'opposait le Parlement à l'enregistrement des édits, il lui fit remarquer qu'une pareille résistance avait un caractère bien différent de toutes les affaires que le gouvernement avait eues à traiter avec les Parlements, depuis la mort de Louis XIV. Dans tous les autres cas, disait-il, c'était le Parlement qui échauffait le public; ici, c'est le public qui échauffe le Parlement; il n'est pas présentement question, continuait-il, d'appaiser une crise momentanée; mais d'éteindre un grand incendie. Telles furent les sages paroles de M. de Malesherbes, qui ne furent pas comprises par le premier ministre.

C'est encore par les conseils de ce grand homme, que la corvée pour la confection et l'entretien des routes, fut convertie, sous Louis XVI, en une prestation en argent. C'est à lui qu'on doit la première idée des assemblées provinciales, dont l'essai fut fait plus tard dans certaines localités, sous le ministère de M. Necker. C'est aux mémoires qu'il remit au Roi, que Paris est redevable des premières mesures d'assainissement, opérées par la destruction des masses d'édifices élevés sur les ponts et sur les quais. Plusieurs quartiers, excavés par l'exploitation des carrières, étaient suspendus sur des abîmes, et menaçaient de s'y engloutir. Louis XVI, averti par son conseiller fidèle, vint finir des alarmes en prévenant de grands malheurs.

La liberté personnelle, en général, réclamait l'intervention du Monarqne. Sans doute, l'âme de Louis XVI n'avait pas besoin d'être invitée à la bienveillance, et poussée à la commisération; mais son attention avait néanmoins besoin d'être éveillée; et son inexpérience demandait à s'éclairer. Aussi, fut-il vivement frappé des réflexions d'un grand et admi-

rable citoyen, de M. de Malesherbes. Celui-ci, pendant sa longue carrière, durant toutes les phases de son existence, homme privé, Magistrat, Académicien, Ministre, fut le premier en France à défendre, avec autant d'éloquence que de courage, les libertés, quelle que fût leur nature. Aussi, dans les mémoires adressés à Louis XVI, ce judicieux ministre, réclamant la liberté de conscience, s'exprime dans les termes suivants : « L'autorité du gouver-
» nement, sur les sectes, doit se borner à empêcher
» qu'elles ne deviennent des partis dans l'état. Or,
» vous en faites des partis, toutes les fois que vous
» unissez, par une persécution commune, leurs
» membres isolés jusqu'alors. »

Remarquons qu'il est aussi le premier qui se soit élevé contre cette aristocratie insolente, dont le simple nom est devenu plus tard si odieux, que la haine contre les aristocrates, a été le continuel prétexte mis en avant pour commettre tous les crimes. Sa grande âme l'a empêché de céder à des préjugés de naissance, de condition, de rang et d'état; (car il était né dans la haute-noblesse, et en faisait partie). Dans le temps qu'il avertissait le Roi, qu'en réservant exclusivement depuis deux siècles aux parlements, la prérogative de stipuler les droits du peuple, on avait, par cela même, établi une aristocratie parlementaire, il s'exprimait au préjudice des corps dans lesquels sa famille et beaucoup d'autres parents occupaient depuis longtemps les premières places; et où lui-même avait passé une partie de sa vie.

Il serait difficile d'épuiser la foule des actes généreux de cet homme estimable. C'est encore à lui qu'est due l'institution de la charité maternelle.

Lors de l'institution de la cour plénière, il combattit, en présence du Roi, et avec sa logique foudroyante, les vues subversives de M. de Brienne; et termina par ces mots remarquables : « Je suis » vieux, et ne verrai pas sans doute toutes les » suites désastreuses de pareilles innovations; mais » je prie sa majesté de se rappeler un jour, qu'il » n'a pas tenu à moi que je ne tentasse de réunir, » pour les héritiers de la couronne, les débris de » la monarchie. »

Pendant son ministère, il donnait, une fois la semaine, une audience publique au Louvre, dont tout le monde, excepté lui, sortait content. C'est là qu'il lui arriva plus d'une fois, quand quelque homme de lettres peu fortuné, sollicitait des encouragements pour d'utiles travaux, de lui faire entendre que le Roi lui accordait une gratification; tandis qu'il la faisait lui-même aux dépens de sa bourse. Mode ingénieux et grand, de ménager la délicatesse, et de sauver à l'obligé l'embarras de la reconnaissance.

Assez de faits déposent pour la gloire de M. de Malesherbes; mais d'autres se présentent encore; et pour ne pas morceler le tableau de sa vie, je ne puis passer sous silence la manière dont il se conduisit à l'académie, lorsqu'il fut question de recevoir de nouveaux membres.

Une modestie remarquable et des scrupules dont

on aurait, en vain, cherché le modèle ailleurs que dans lui-même, l'empêchèrent toujours de donner son suffrage dans l'académie, le jour des assemblées d'élection; parce qu'il pensait que les membres honoraires n'assistant pas régulièrement aux assemblées ordinaires, et ne pouvant, en conséquence, bien connaître le vœu de l'académie, s'exposaient à opiner contre ce même vœu. Et en effet, les académiciens titulaires ne voyaient pas de bon œil, dans les assemblées d'élection, l'affluence des membres honoraires.

Avec de semblables scrupules, et ce fonds inépuisable de modestie, il devait présumer favorablement des autres, et trop peu de lui-même. Or, après avoir eu connaissance que M. de Larochefoucault désirait entrer à l'académie des sciences, et que cette compagnie désirait admettre dans son sein M. de Beauveau, il se détermina à se démettre, afin de laisser une place vacante, ajoutant toutefois, qu'il espérait que le droit d'assister aux assemblées lui serait conservé; et pour appuyer cette espèce de restriction, il cita l'exemple de M. de Trudaine, qui se démit en faveur de son fils, et qui conserva néanmoins le droit d'assistance, et même le droit de suffrage.

Rapportons ses propres paroles :

« Il n'y a aucun corps, il est vrai, dit-il, dans » lequel on ne conserve sa séance après vingt ans » d'exercice. Il y a trente ans que je suis membre d'une » des deux académies, et vingt et un ans de l'autre ;

» et cependant, je considérerai toujours une pareille
» concession comme une faveur ; mais si l'académie
» me la refusait, et qu'il fût dans son intérêt que
» je me démisse, je le ferais, mais à regret. Mais
» quant au droit de suffrage, je pense qu'il y aurait
» un grand inconvénient à me le conserver. Combien
» n'y a-t-il pas (ajouta-t-il), des personnes d'un état
» considérable, pour n'être pas refusées, qui ont de
» temps à autre, des velléités passagères de se
» livrer aux lettres. Elles seraient alors reçues hono-
» raires, et un an après, elles se retireraient pour
» rendre service à un de leurs amis, qui aurait plus
» tard la même fantaisie. Ainsi, le suffrage des
» simples amateurs, dont le nombre est déjà trop
» considérable, ferait loi dans les assemblées. Si
» l'académie me faisait l'honneur qu'elle a fait à M.
» de Trudaine père, de m'accorder le droit de suf-
» frage, je le refuserais, parce que je pense que ce
» droit serait nuisible aux académies; mais il ne faut
» pas que ce soit moi qui aie l'honneur de ce refus;
» il faut que l'académie fasse sur moi l'exemple et
» la loi à mon occasion ; de peur que dans d'autres
» circonstances, il ne se trouve des honoraires qui
» disent qu'ils ne sont pas obligés de garder la même
» modestie, et qu'ils acceptent l'offre que leur fait
» l'académie. »

Quelle magnanimité ! Quelle grandeur d'âme ! Quelle beauté de sentiment ! Quelle modestie ! Quelle générosité ! Je le demande, est-il possible de faire de meilleure grâce, le sacrifice de ses plus tendres affections, à l'amour de l'ordre et du bien général ?

Un nouveau titre d'honneur devait décorer le genre humain, c'était toute la beauté de la vertu, toute la force de la modestie : oui, la nature avait formé cet homme trop rare, pour être l'orgueil, et en même temps, la consolation des autres. Elle l'avait aussi formé pour remplir les vides immenses qui règnent chez la plupart des hommes. Malheur à celui que la vertu dans toute cette pureté, ou que la modestie dans toute cette force, n'a point attendri le cœur, ou n'a pas fait couler les larmes. Malheur surtout aux hommes que leur petitesse et leur vanité poussent à l'ambition et à l'intrigue. Avant d'agir, ils n'ont eu garde d'avoir sondé leur esprit et leur cœur, pour savoir si les honneurs qu'ils convoitent avec tant d'avidité, si les fonctions qu'ils ambitionnent, sont au niveau de leur mérite ; en un mot, si leurs qualités intellectuelles et morales les rendent dignes de pareils emplois. Mais les honneurs qu'ils ont obtenus, les fonctions dont ils sont revêtus, qui jetteraient un si vif éclat en faveur du mérite, ne font que les dégrader davantage, et leur attribuer ce mépris si bien mérité, et ces stigmates de l'homme qui pense, que l'on a de tout temps redoutés. Aussi, on l'a dit avec raison : jamais la médiocrité n'est plus sévèrement jugée, que lorqu'elle contraste avec les fonctions qu'elle ne peut remplir. Qu'ils sachent, du moins, que les dignités, les rangs, les honneurs et les autres avantages sociaux, ne sont honorables pour celui qui en est revêtu, et ne sont dignes de la société qui les a conférés, que lorsqu'ils sont attribués au vrai mérite. Voilà le jugement de la raison : Voilà la récompense décernée au talent. Il n'y a que cette faculté de l'esprit, ajoutée à la vertu, qui aie droit aux hommages, aux honneurs et aux autres récompenses des hommes. C'est ainsi que la nature et le bon sens l'ont décidé. C'est ainsi qu'elles le prescrivent. Et pourquoi de pareilles récompenses sont-elles conférées par la société, si ce n'est pour l'utilité qu'elle en retire, à raison des services qui lui sont rendus, de l'éclat qui rejaillit sur elle, et parce que de pareilles récompenses sont fondées sur le mérite du travail et de la difficulté vaincue? Si l'ambitieux en doute, qu'il interroge son propre cœur, et il en verra jaillir ces éclatantes vérités. Sa vanité et son orgueil chercheront à lui faire illusion et à écarter de son esprit tout ce qui pourrait l'offenser; mais le sentiment intérieur, c'est-à-dire le remords, cette agitation inquiète d'une conscience qui se soulève, qui ne se nourrit jamais de mensonge, et qui malgré soi, finit par se produire au jour, viendra donner un démenti à ses efforts, en proclamant son indignité, et à certains égards, son accablante nullité. Voilà ce que la société repousse, voilà ce qu'elle doit réprouver, parce que c'est pour elle un puissant élément de malheur.

Laissons donc à d'autres le soin malheureux de ne mesurer les actions de la vie que sur l'échelle des viles passions; de ne les calculer que sur l'intérêt qu'elles présentent, de ne tenir aucun compte des trésors de la justice, de la délicatesse, de l'honneur, ou d'une bonne conscience; de ne prendre pour modèle que les inspirations des cœurs ambitieux, pervers, ou corrompus ; de fouler aux pieds, en un mot, tout ce qui se rattache à un système quelconque d'idées morales, elles qui pourtant reçoivent l'assentiment du genre humain; elles qui ont droit à ses faveurs, parce qu'elles sont destinées à en faire la consolation et même le bonheur, et que leur observation sera toujours la plus belle couronne de la vie, et la plus brillante auréole aux yeux de l'homme et de la divinité.

On porta la nouvelle du projet de démission de M. de Malesherbes à M. de Beauveau ; elle fit sur celui-ci l'effet d'un coup de foudre ; il s'humilie et même il se prosterne. Après un moment de silence.. Moi s'écria-t-il, remplacer M. de Malesherbes vivant? Moi coûter M. de Malesherbes à l'académie où j'entrerais? Non, je n'en ferai rien. Je ne puis qu'être pénétré de la reconnaissance la plus vive, pour une marque d'estime si glorieuse et si touchante; mais en profiter, serait m'en rendre indigne. M. de Larochefoucault fut donc celui qui fut reçu à l'académie des sciences, sans qu'il en coûtât aucunement à M. de Malesherbes de quitter sa place ; et M. de Beauveau fut reçu à l'académie des belles lettres.....

Justement frappé de ces détails enchanteurs, l'esprit désire les contempler et s'en nourrir ; il voudrait pouvoir fouiller, pour ainsi dire, dans cette belle âme, et la pénétrer, dans tous les éléments qu'elle renferme; mais forcé de s'arrêter à la pensée, et cependant plein d'enthousiasme, il doit l'épancher au-dehors ; et dans un transport d'admiration pour la vertu, il s'écrie :

O vertu! âme du monde, toi qui renfermes dans ton admirable économie tous les éléments du bonheur des hommes, et dont une immense partie te connaît si peu, ou pour mieux dire, ne veut pas te connaître, reçois ici mes hommages; ce seront aussi ceux de tous les hommes de bien. Sans toi, point de tranquillité, point de calme dans l'âme, point de vrais biens. Toi que tous les âges, tous les siècles ont exaltée, toi qu'ils ont proclamé le sentiment par excellence, celui qui est le plus éminemment philantropique et généreux. C'est toi qui places le sourire du contentement sur les lèvres; d'autant plus grand, qu'il se manifeste sans bruit; d'autant plus précieux, qu'il porte avec lui la satisfaction du cœur. C'est toi qui pousses l'homme au bien, en vouant à l'animadversion, la dureté, l'ingratitude et la barbarie. C'est à un pareil élément, dont l'excellence est indicible, que le genre humain doit sa conservation ou son maintien. C'est à sa salutaire influence, que ceux qui ont eu le malheur de se détourner de la route du bien, doivent le repentir dont ils sont plus ou moins pénétrés. C'est lui qui, plaçant le remords dans le cœur de ceux même qui sont endurcis dans le crime, les prépare aux dispositions bienveillantes, auxquelles ils reviennent quelquefois avec satisfaction.

O vertu! quelle grande idée! Quel beau sentiment ne renfermes-tu pas! Quelle théorie généreuse dans un seul mot! C'est celle qui est le plus à la hauteur de la dignité de l'homme, et qui lui attire le plus l'amour et le respect de ses semblables. Point de grandes lumières, point de grand homme sans la vertu. Celle-ci n'est jamais un sentiment de parade qui jette des éclats passagers, qui recherche avec empressement le grand jour, et qui ne brille un instant que pour éblouir et s'éteindre; mais elle se soutient avec dignité dans la vie la plus retirée, dans les plus simples détails, comme dans les postes les plus éminents. Elle se reconnaît surtout, et se manifeste par le bien général; c'est le caractère qui lui est le plus naturel, et le but ordinaire qu'elle se propose; car un sentiment qui est généreux en lui-même, par la seule raison qu'il est concentré, s'il ne cesse pas d'être juste, perd du moins une grande partie de sa force, même par l'application qui en est faite à une collection plus ou moins grande d'individus, ou à une corporation; parce qu'on peut être bon soldat, bon prêtre et mauvais citoyen; parce que les vertus concentrées dans un corps, sont des crimes pour la patrie et pour l'humanité. Aussi, c'est dans l'utilité générale que consistent les méditations des grands hommes; car il n'y a que cette vue de l'esprit qui puisse l'anoblir; c'est ce sentiment dominateur qui fait tressaillir leur âme et qui l'agrandit.

Mais quand je parle de vertu, puis-je entendre parler de ce sentiment avare ou peu généreux, qui se place dans le domaine de la froide théorie, et qui, derrière le masque dont il se couvre, cache l'amour de soi, de cette passion qui dessèche l'âme et l'avilit? Non, assurément; je veux parler de cette vertu pratique, qui est la seule condition de bonheur; de cette vie du monde, qui se manifeste par les œuvres, par les anathèmes énergiques prononcés contre l'égoïsme et l'orgueil et qui stigmatise fortement le vice. Je veux parler de cette vertu qui ne se dément jamais, et qui consiste principalement dans des applications réelles et non interrompues aux différents actes de la vie. Elle est la véritable ancre de salut, et l'élément vital de la société. C'est celle que le spectacle du bien des hommes fait tressaillir d'allégresse et de bonheur.

Mais en faisant le tableau de la vertu, je ne dois pas oublier de détruire le reproche que la mauvaise foi de ses détracteurs lui adresse. Elle n'est jamais, disent-ils, entièrement pure, puisqu'elle cache et renferme, au moins virtuellement, un sentiment intéressé. Oui, j'en conviens, le désintéressement, même l'abnégation de soi, peuvent, à tout prendre, renfermer un retour quelconque en faveur de la personne dont ils émanent. Mais si c'est là un intérêt, disons avec vérité, qu'il est si noble, si grand, si généreux, qu'il a un caractère d'utilité si évident pour les hommes, que la raison l'approuve, et que l'enthousiasme du beau le consacre.

Que l'homme ambitieux et méchant, dont la bassesse d'âme le tient toujours à une si prodigieuse distance de la vertu, ne cherche donc pas à la flétrir, en disant que toutes les actions des hommes se résument en un motif intéressé; que la vertu la plus à l'épreuve, passée au creuset de la conscience la plus délicate, ne peut jamais échapper à tout sentiment de partialité; parce que, dans son économie, elle n'est pas dépourvue d'intérêt ; car cette accusation est répoussée par les hommages universels, et par le respect qui ont entouré, dans tous les temps, l'idée de vertu. Oui, j'en conviens encore, l'exercice même de la vertu paie une sorte de tribut à l'intérêt, quand ce ne serait que par la satisfaction qui en résulte pour celui qui a fait le bien. Mais ajoutons que ces actes sont si beaux, si méritoires, que la saine morale les commande, et que la Religion les sanctionne. Non, Dieu de mon cœur, je ne crois pas, je ne croirai jamais m'avilir, en mettant ma confiance dans toi. Dans mes efforts pour te plaire, je ne rougirai point d'ambitionner cette palme d'immortelle gloire, que tu daignes nous proposer. Loin de me dégrader, un si noble intérêt m'enflamme et m'agrandit. Mes sentiments, mes affections semblent répondre à la sublimité de mes espérances ; mon admiration et mon enthousiasme pour la vertu n'en deviennent que plus véhéments. Je m'attendris, je m'honore, je m'applaudis des sacrifices que je fais pour elle, quoique certain qu'un jour elle saura m'en dédommager. O vertu! non, tu n'es pas un vain nom. Tu dois faire le bonheur de ceux qui t'aiment, puisque tu es le contentement de l'âme et de l'esprit, c'est-à-dire, la véritable béatitude terrestre. Tout ce qu'il y a de beauté, de perfection, de pureté et de gloire dans ce monde, est compris dans ta nature. Si quelquefois ton triomphe est retardé sur la terre, qu'importe ? le temps n'est pas digne de toi ; c'est l'éternité qui t'appartient. Ces vérités sont non-seulement écrites dans le christianisme, cette perfection de la raison humaine, mais je les trouve encore dans le paganisme le plus ancien. Si je consulte, en effet, les doctrines de Platon, j'y vois le spectacle du juste opprimé, et dont la vertu est couronnée dans une autre vie.

Rien ne serait plus propre à justifier les récompenses attachées à la vertu, que le tableau du bien qu'elle a opéré ; mais on conçoit que ce détail si compliqué, ne pourrait entrer dans un cadre étroit. Pour terminer, qu'il me suffise donc de l'interroger d'une manière générale, et alors, quelle que soit la modestie qui est attachée à son nom, la vérité, qui est aussi une vertu, viendra nous dire que, sans les vertus domestiques et privées, il n'y a point de bon père de famille ; comme il ne peut y avoir de bon citoyen, en l'absence des vertus civiques et publiques ; que les unes et les autres se prêtent un mutuel appui, et que c'est de leur heureux accord que résulte cette belle harmonie, qui est la base de l'édifice social. Et qu'on ne s'y méprenne pas : ce sentiment, tout en paraissant avoir subi quelque relâchement ou quelque altération, à raison des circonstances, n'a pourtant pas perdu ses principales forces, et semble devoir toujours les conserver, puisqu'il a traversé, sans s'effacer, la multitude des siècles ; car l'antiquité nous montre, à Rome et dans Athènes, les productions de la poésie et de l'éloquence, nées des inspirations sublimes de la vertu. C'est, en effet, la vertu qui, dans tous les temps, a coloré et fécondé l'imagination, cette partie la plus brillante du poète. C'est encore elle qui, imprimant à l'orateur le caractère d'une conviction profonde, le rend véritablement éloquent; car c'est elle qui lui donne ces beaux mouvements, qui imposent le silence au milieu du tumulte et de l'agitation, commandent le respect, font naître l'enthousiasme, poussent aux actions les plus généreuses et les plus étonnantes, et font, en un mot, de lui, un être qui paraît si supérieur aux autres hommes.

Oh! quel empire si beau, si doux, si entraînant n'exerce pas la vertu! Homme sincère, je te le demande, t'a-t-il jamais été possible de résister à l'ascendant de la vertu? T'est-il quelquefois arrivé de n'avoir pas été attendri par les soupirs de l'homme de bien?

Inclinons-nous donc devant cette reine du monde. Ayons un véritable culte pour la vertu; adressons-lui nos hommages, remercions-la de ses bienfaits. Saluons-la partout où nous la trouverons. Elle est facile à apercevoir; elle se reconnaît à une conscience tranquille et sans reproche, parce qu'elle est la véritable félicité terrestre, d'autant plus précieuse qu'elle est le signe avant-coureur de la béatitude céleste.

Que le lecteur me pardonne cette digression, peut-être trop longue, sur la vertu. Mais, que dis-je? cette digression n'en est pas une; je suis toujours resté dans mon sujet: car la vertu, dans toute sa pureté, se trouve écrite dans la vie entière de M. de Malesherbes.

Peu de temps après son entrée au conseil privé du Roi, des motifs louables le déterminèrent à s'en éloigner. Et, en effet, un homme nourri de toute la perfection des sentiments, se trouvait emprunté au milieu d'un conseil, dont les décisions n'étaient pas souvent le résultat de l'opinion libre des membres, malgré que leur devoir leur prescrivît de faire accroire au public qu'elles étaient prises dans leur conviction intime. D'ailleurs, l'indifférence du Roi, avertit M. de Malesherbes qu'il était temps de se retirer d'une cour où le Prince, tout ami de l'ordre qu'il était, semblait lui défendre d'opérer le bien. Au surplus, les choses avaient changé de face : chaque jour amenait le spectacle de choses nouvelles, et indiquait une gradation sensible vers le mal. La sagesse et la prévoyance voyaient même le moment où elles seraient forcées de rendre leur dernier soupir ; et où la fermeté de l'homme honnête, serait un nouvel encouragement au mal. Aussi, quelques hommes courageux, après avoir réuni leurs efforts pour résister à l'orage, et après avoir fortement fait entendre les noms de vertu, de devoir, d'attachement à l'amour de l'ordre, avaient vu qu'ils n'avaient prononcé que de vains mots. Ce n'étaient plus, en effet, que des armes inefficaces, qui venaient s'émousser, et même se briser, en présence du débordement des passions haineuses, et qui étaient d'ailleurs repoussées par les entreprises du crime. Le seul regret que M. de Malesherbes éprouva dans sa retraite, fut de n'être pas aussi à portée de s'entretenir avec le Roi. Étant ministre, le porte-feuilles n'avait pas eu pour lui le poids que donne l'embarras des affaires publiques ; mais celui qui résulte de l'étude, de l'importance des devoirs, et du soin scrupuleux à les remplir. Ministre, il vit dans son maître beaucoup moins l'autorité, qu'un ami tendre et sincère, dont le charme des vertus, lui aurait imposé les plus grands sacrifices. L'éloignement de ces deux cœurs, trempés dans les mêmes affections, et qui avaient continuellement besoin de s'en nourrir; toujours pressés d'épanchement, et pétris dans le même moule, avaient été jetés hors de leur élément: et il est probable que sous le règne de ce Prince, l'exil n'aurait pas été, pour son ami généreux, comme dans les dernières années de Louis XV, la récompense de la vertu.

Retiré du tracas et du tumulte des affaires publiques, il retrouva sa liberté: il eut le loisir de se livrer entièrement aux lettres, dont il n'avait pas négligé la culture, au milieu de ses plus importantes occupations. Il médita sur la législation, proposa d'utiles réformes et ne négligea pas surtout celles qui, n'imposant aucun sacrifice à personne, n'affligeaient point sa sensibilité.

Ceux qui ont été à même de passer des moments avec lui, se souviennent avec satisfaction, de ses entretiens instructifs et amusants, qui avaient lieu dans des promenades solitaires. On l'interrogeait, on le consultait, on l'écoutait, on recueillait avidement ses réponses et ses récits. On y attachait un tel prix, qu'on l'engageait à les répéter, parce qu'on craignait de ne les avoir pas fidèlement retenus.

Dans l'intervalle de ses deux ministères, il avait voyagé pour augmenter le nombre de ses connaissances : semblable à ces grands hommes de l'antiquité, qui, avant de devenir législateurs, et afin de pouvoir mieux faire le bien des peuples, allaient s'instruire chez les nations étrangères. Il était persuadé que, quand il s'agit de l'art de gouverner, l'expérience est un guide plus sûr, que les tâtonnements d'une raison solitaire : que l'homme qui n'a de commerce qu'avec les livres, ne lui semblait propre qu'à vivre avec les intelligences ; tandis qu'en réunissant le double commerce des livres et des hommes, on se rendait digne à la fois, d'éclairer ses semblables et de les gouverner.

En parcourant la France et les pays étrangers, on le vit souvent, tantôt gravissant les montagnes, franchissant les anfractuosités des glaciers, le marteau de mineur à la main ; tantôt descendant dans les vallées et même dans la profondeur des mines, interroger avec la même affabilité, le simple ouvrier et le paysan grossier des campagnes, comme le directeur poli des ateliers.

Le soir, de retour dans une chaumière, il se recueillait. Il rédigeait ses notes, dont le plus grand nombre roulait sur les sciences naturelles, telles que la botanique et la minéralogie, et sur les arts utiles, tels que le commerce et l'agriculture. Malheureusement, ces monuments précieux des recherches et des investigations d'un sage, qui formaient un grand nombre de cartons, ne lui ont point survécu.

Rentré au conseil du Roi, il y avait apporté, outre le fruit des méditations auxquelles il s'était livré dans la vie sédentaire, celui des connaissances qu'il avait acquises dans ses voyages, et entre autres, ses recherches sur les lois et les mœurs des nations. C'est dans quelques-uns de ses voyages que, gardant l'*incognito*, il lui arriva plusieurs fois de jouir de sa renommée, et d'entendre prononcer son éloge par des bouches non suspectes.

Il se trouvait en Bretagne, dans une auberge, où il y avait aussi deux officiers, qui s'entretenaient sur la sortie de M. de Malesherbes du ministère. Ils l'exaltaient à l'envi, comme le ministre le plus accompli, et le plus digne de regrets. « Messieurs, » (leur dit-il alors), personne mieux que moi ne » connaît M. de Malesherbes; c'est un fort honnête » homme, il a les intentions les plus pures; mais » il n'est pas propre au ministère. » A ces mots : il perd à leurs yeux presque tout le mérite qu'ils lui ont précédemment reconnu, et toute la considération que ses lumières leur avaient inspiré; et sans aucun égard pour une pareille opinion, ils redoublent d'éloges et finissent par déclarer qu'ils ont le plus grand regret de ne l'avoir point connu. Témoignage bien flatteur, surtout pour un homme public entièrement à découvert, et qui s'offre si complètement, au jugement des hommes. Paroles non suspectes, puisque la satire qui sort du cercle général, destiné à la correction des mœurs, et toujours injuste, n'a que trop de charmes aux yeux de la malice; surtout lorsque s'adressant aux absents, elle n'est arrêtée par aucun obstacle. Éloge d'ailleurs accompli, puisque l'infériorité, ordinairement jalouse du vrai mérite, croit se mettre à son niveau en le déprimant.

M. de Malesherbes ne comptant plus au conseil du Roi, vivait depuis quelques années dans la retraite. La Société dont il jouissait, était composée de tout ce qu'on avait pu réunir dans ces temps-là de plus précieux. Son temps était employé à des occupations actives et consolantes, puisqu'elles n'avaient plus que la nature pour objet. Les traces fraîchement marquées autour de lui, du bien qu'il avait fait, et qu'il ne discontinuait pas de faire, étaient aussi honorables que non équivoques. Eh ! comment aurait-il pu en être autrement, puisqu'à presque toutes les lumières de son siècle, M. de Malesherbes réunissait toutes les vertus. Il était doué de cette simplicité, qu'on se plaît à rapporter aux âges antiques, et qui est le cachet du vrai mérite. Dans le temps de sa magistrature, il s'était élevé contre les désordres du règne de Louis XV, parmi lesquels on peut signaler les déprédations nombreuses, le débordement des mœurs, les scandales et les coups d'état qui le terminèrent. Il avait déployé contre eux la fermeté et le zèle d'un magistrat éloquent et intrépide. Ami de Turgot, il avait contribué avec lui, à ouvrir sous les plus heureux auspices le règne suivant ; et le cœur de Louis XVI leur en avait facilité le moyen ; car l'un et l'autre avaient éprouvé tout ce qu'il avait de bienveillant. Dans sa retraite, entouré de ses amis, et des soins d'une famille tendre, tout semblait devoir protéger son repos et sa vieillesse (si toutefois le repos pouvait exister, dans des temps désastreux, pour une âme capable d'indignation, et toujours ouverte à la pitié), quand les dangers et les malheurs du Roi viennent retentir autour de lui, et l'arracher au repos. Cette nouvelle est pour lui un coup de foudre, qui absorbe tous ses moments. Il vole à la défense de son Roi. Et comme la conformité de ces deux cœurs, devait toujours les faire courir l'un vers l'autre, et les faire rencontrer, cet élan ne fut pas seulement le mouvement spontané d'un cœur généreux, il fut aussi l'inspiration de l'obéissance aux désirs du malheureux monarque: et il devait établir, pour la justification de ce Roi, que celui qui avait été digne de défendre un bien précieux, la vie d'un potentat, avait été aussi digne de défendre les intérêts de son peuple et d'administrer les affaires de la nation.

Ici s'ouvre une ère remarquable et toute nouvelle. L'horison politique se rembrunit; les éléments semblent se déchaîner; les événements se pressent, se colorent d'une teinte forte, et prennent une autre importance qu'auparavant. Les crayons qui les dessinent doivent agrandir les proportions, et les mesurer suivant la hauteur des personnages qui y figurent : les physionomies prennent de nouveaux contours; la pâleur et la gravité annoncent la crainte, la stupeur et des desseins sinistres.

Les sentiments de M. de Malesherbes en faveur du Roi avaient trop de grandeur pour s'affaiblir dans des circonstances critiques; ils prennent une force et une chaleur nouvelles. Il s'agit d'un ami, d'un homme opprimé, que dis-je? captif. Il s'agit de l'innocence ; il s'agit du salut de la nation. D'ailleurs, le pressentiment des malheurs publics se présente à lui dans toute sa force.

Que les âmes communes et cruelles, sentent échapper leur zèle et ralentir leur ardeur, en voyant disparaître le pouvoir et le prestige de la grandeur ; un cœur noble et sensible, sent alors augmenter la somme de ses devoirs : un heureux discernement sert à lui faire choisir ce que l'homme renferme de plus précieux ; le malheur des autres l'agrandit, parce que les dangers d'autrui lui présentent un intérêt piquant ; et ses désirs se mesurent sur l'importance du bien qu'il voudrait faire. Il ne calcule pas les dangers qu'il peut courir lui-même, il laisse ce sentiment aux âmes faibles, pusillanimes et étroites. Son cœur a un besoin continuel de se nourrir d'émotions généreuses ; ce sont celles qui sont produites par la vertu et le malheur : c'est dans ce double arsenal qu'il retrempe son âme, ce qui lui donne l'énergie nécessaire pour attaquer l'injustice et vaincre souvent l'oppression.

Cependant, le cœur de M. de Malesherbes est fortement contristé de l'état actuel des choses. Il voit que les droits des citoyens, qu'il a tant défendus, ont reçu une forte atteinte ; que dis-je ? ont été violés, même par la perte de la liberté du Roi. C'est encore peu : les poignards se levent de toutes parts ; des cris lugubres annoncent les victimes, les désignent à la vengeance et les dévouent à la mort. La vertu, les intentions généreuses, les bienfaits n'ont plus d'écho, n'ont plus d'asile. La vérité n'a pu résister aux entreprises de la calomnie, et a pris la fuite. Les défenseurs de l'innocence sont par cela seul, coupables de crime. On n'a plus besoin de codes, de lois, ni de formes judiciaires, qui sont une des garanties de la liberté des citoyens; à leur place, on ne voit que des listes de proscription. Elles figurent dans les lieux publics; et on n'a pas oublié d'y inscrire le nom de M. de Malesherbes.....

A la vue de ce tableau effrayant, tous les cœurs honnêtes et sensibles ont applaudi à l'empressement généreux d'un ami, quand d'un seul mot, et sans même aller aux suffrages, on osa renverser un trône que quatorze siècles avaient respecté.

La Convention ayant décidé que Louis XVI, déchu de la royauté, serait traduit à la barre de cette assemblée, pour y répondre aux divers chefs d'accusation dirigés contre lui, on avait délibéré s'il lui serait accordé un défenseur. La décision de la majorité des membres lui ayant été favorable, Louis XVI aurait désiré prendre pour défenseur celui dont les lumières et le dévouement lui étaient connus, c'est-à-dire, M. de Malesherbes, malgré son grand âge *. Mais dans ces temps où la crainte dominait les esprits, il craignit de se compromettre, et encore plus de compromettre son vertueux ami : ces considérations l'engagèrent à faire tomber son choix sur l'avocat Target, et sur M. Tronchet, s'il lui était accordé d'en prendre un second. Ce dernier entendit la voix du monarque infortuné, qui, prêt à périr, l'appelait à son secours. Il ne manqua ni à l'honneur

* Il était alors âgé de soixante et onze ans.

d'une vie irréprochable, ni à ses vertus, ni à son cœur.

Une touchante et dernière consolation était réservée à Louis. La Convention entendit la lecture de la lettre suivante, écrite par M. Lamoignon de Malesherbes ; elle était datée du 11 septembre 1791 :

« Citoyen Président,

» J'ignore si la Convention donnera à Louis XVI » un conseil pour le défendre, et si elle lui en laissera le choix ; dans ce cas-là, je désire que Louis » XVI sache, que s'il me choisit pour cette fonction, » je suis prêt à m'y dévouer. Je ne vous demande » pas de faire part à la Convention de mes offres ; » car je suis bien éloigné de me croire un personnage assèz important pour qu'elle s'occupe de » moi ; mais deux fois j'ai été appelé au conseil de » celui qui fut mon maître, dans le temps que cette » fonction était ambitionnée par tout le monde ; je » lui dois le même service, lorsque c'est une fonction que bien de gens trouvent dangereuse. Si je » connaissais un moyen possible pour lui faire parvenir mes dispositions, je ne prendrais pas la » liberté de m'adresser à vous : j'ai pensé que dans » la place que vous occupez, vous aurez plus de » moyen que personne pour lui faire passer cet » avis. »

Cette lettre produisit sur l'assemblée le même effet que si elle n'eût été composée que d'hommes justes et sensibles. Avant qu'on l'eût entendue, les Jacobins s'étaient élevés avec fureur contre la proposition d'accorder un second conseil à Louis. Après l'avoir entendue, ils demeurèrent sans voix; et le vœu de M. de Malesherbes fut exaucé, au milieu de l'attendrissement universel.

Il sé rendit au Temple. Les commissaires de la commune l'y reçurent avec défiance. Il fallut qu'il se soumît aux plus injurieuses recherches. Quand Louis le vit entrer, il ne put retenir ses larmes. Il courut se jetter dans les bras de ce premier guide de sa jeunesse : de celui qui était si affligé de son malheur. Le vieillard ne pouvait exprimer que par des sanglots le respect, la douleur, la reconnaissance même dont il était pénétré. Louis était inquiet au milieu de cette scène d'abandon. Il était observé, et n'ignorait pas que toutes les larmes qu'on versait pour lui étaient des crimes. Le lendemain, M. de Malesherbes revint à la Tour du Temple, avec un homme bien digne d'être son collaborateur, l'illustre Tronchet. L'un et l'autre commencèrent, avec Louis, le travail de la défense, qui portait sur un grand nombre de chefs d'accusation, et sur une foule considérable de pièces. Le temps les pressait, et ce travail surpassait, non leur zèle, mais leurs forces. C'est pourquoi ils demandèrent à la Convention qu'ils pussent s'adjoindre un nouveau défenseur. Leur choix fut bien inspiré : ils indiquèrent M. Desèze. La Convention le leur accorda. Ces faveurs successives offraient quelque lueur d'espoir en faveur de Louis; et c'était M. de Malesherbes qui avait produit un pareil résultat.

Il avait invariablement arrêté de consacrer tous ses moments à la défense du Roi. Aussi, rien n'égale le zèle qu'il employa dans l'examen du procès. Il voit un grand nombre de pièces à scruter et à confronter, une foule de recherches auxquelles il fallait se livrer, et pour récompense, le danger de lui-même; et rien ne le rebute. Témoin de la tournure que prennent les affaires; de la manière dont les passions haineuses se déchaînent; de la sagesse qui cède à la méchanceté, aux invasions de l'égoïsme; de l'orgueil et du crime, même en présence des efforts de la raison, dont on ne pouvait même faire quelque usage, sous les auspices de l'amitié; de pareilles considérations ne font pas tomber le moindre poids de la balance de ses devoirs; et la tâche honorable qu'il s'est imposée, reste dans toute sa force. Sauver le Roi, est pour lui une idée qui absorbe tellement son âme, qu'elle ne laisse de place à aucun autre sentiment.

Messieurs Tronchet et Deseze, portèrent la parole en faveur de Louis. La constitution de l'an 1791, cette loi fondamentale, librement votée par l'Assemblée Constituante, qui représentait légalement la nation, avait prévu les cas d'une abdication et d'une déchéance; et pourtant elle avait proclamé l'inviolabilité de la personne du Roi. Et, il n'était entré dans la pensée d'aucune autre loi subséquente, qu'un Roi constitutionnel en France, pût être mis en jugement. D'un autre côté, d'après les lois criminelles alors existantes, les plus grands coupables ne pouvaient être condamnés que par les deux tiers des juges: et cependant, Louis le fut à une simple majorité de cinq voix. Certes, on le voit, les moyens d'annulation d'une pareille condamnation n'auraient pas manqué, si le suprême recours, l'appel au peuple, c'est-à-dire, cette forme usitée dans les Républiques anciennes, eût été appliquée en faveur de Louis XVI. MM. Tronchet et Deseze, osèrent réclamer contre de telles iniquités. M. de Malesherbes voulut parler à son tour; mais hélas! celui qui fut par ses vertus, par ses lumières, plus encore que par sa dignité, l'oracle de la magistrature, le défenseur des opprimés, ne sait quel langage tenir devant des juges. Dès les premiers mots, il se trouble; les plus douloureux sentiments l'oppressent; il prononce d'une voix émue ces mots entrecoupés : « ....... Sur » cette question comment les voix doivent être comp» tées ?..... J'avais à vous présenter des considéra» tions qui ne me sont suggérées, ni par les cir» constances, ni par l'individu »..... Et des larmes viennent le démentir, et attester que c'est le vieux ami de l'infortuné Roi qui parle, qui sollicite. Sa voix se perd dans les sanglots; et, l'aspect de la plus haute vertu qui intercède pour l'innocence, est un vain spectacle et ne saurait attendrir. Il s'efforce encore de discuter; mais l'épreuve est trop forte pour lui. C'est maintenant pour lui-même qu'il intercède.. « J'avais, dit-il, médité plusieurs idées, quand j'ap» partenais au conseil de législation. Aurai-je le » malheur de les perdre, si vous ne me permettez » pas de les présenter d'ici à demain ?........ »

Des paroles terribles de Robespierre, contre le sursis demandé par les Girondins, annoncent qu'il voulait bien pardonner aux défenseurs leurs observations, et à M. de Malesherbes ses larmes : mais au ton qu'il employa pour annoncer la clémence en faveur du plus digne vieillard, on sentit qu il avait juré sa perte.

Le dix-sept janvier, M. de Malesherbes vint de nouveau dans la Tour-du-Temple, et se jetta aux pieds du monarque condamné. Il le berça de l'espoir du sursis, qu'il lui présentait, comme s'il eût voulu ménager seulement la douleur de son ami.

Ici, finit la tâche à jamais honorable, à jamais immortelle de M. de Malesherbes. Mais en parlant de lui, vainement on se serait fait une loi de se taire sur le monarque qu'il affectionnait tant. Malheur à celui qui en admirant le mérite de l'un, fermerait les yeux sur les lumières et les qualités morales de son digne ami, et voudrait séparer leurs éloges. Ils n'avaient été contemporains, que pour que des sentiments uniformes se fortifiassent par la sympathie; et pour donner au monde le triple spectacle de la générosité, de l'amitié et de la vertu sans mélange, dans des cœurs différents; mais c'est dans leurs derniers moments que ces sentiments acquièrent une intensité nouvelle. Le prestige de la grandeur, qui, à travers les opinions de la philosophie même, impose jusqu'à un certain point, et chez le commun des hommes fait toujours une mâle impression, avait disparu. Le pouvoir de la royauté était aboli : mais l'amitié sait distinguer ce qui est digne d'elle; et d'un autre côté, les qualités d'ami généreux, de citoyen vertueux, ne pouvaient avoir perdu de leur force dans l'âme du Roi, puisqu'elles s'y étaient conservées au milieu des préjugés de la grandeur, et de l'appareil de la puissance : et dans le spectacle de deux hommes, qui ne pouvaient se passer l'un de l'autre, et dont les rapports de convenance et de rapprochement augmentaient les dangers, on ignore quel est celui qu'on doit admirer le plus, ou celui qui s'abjura lui-même pour s'identifier avec son ami ; ou celui qui ne s'occupa pas tant de ses dangers personnels que de ceux des autres.

Il avait été digne de l'héritier du sceptre d'Henri IV, d'avoir eu pour ministre un ami. Henri IV allait oublier ses peines auprès de Sully. Louis XVI confiait ses douleurs à M. de Malesherbes. Henri IV s'attendrissait auprès de son ministre. Louis XVI épanchait ses chagrins dans le cœur de son ami. Mais de combien ce sentiment l'emportait dans celui-ci en profondeur ! Aussi, répétons ces paroles de gratitude qui s'échappèrent de la bouche du Roi, et qui partaient aussi de son cœur. Elles sont consignées dans cet écrit à jamais mémorable, qui est le fruit des derniers moments du Roi :

Je remercie M. de Malesherbes des peines et des soins qu'il s'est donnés pour moi.

Les âmes compatissantes aiment à assister aux derniers moments du malheur, et à recueillir ses dernières expressions ; non pour aucun motif qui déroge à leur sensibilité, mais pour armer plus fortement l'opinion contre la cruauté. Et d'ailleurs, on aime à retrouver alors dans l'homme, et surtout dans les rangs suprêmes, la pureté intentionnelle, l'amour du calme et de la patrie.

Le Roi, se trouvant dans la prison du Temple, et prévenant l'embarras que l'observation de l'étiquette pouvait apporter dans les conférences, voulut l'en bannir, et se mettre, sous ce rapport, en harmonie avec les idées du temps, et il en prévint personnellement ses défenseurs. Mettez-vous, leur dit-il, à votre aise ; appelez-moi citoyen, ou de la manière qu'on voudra. « Oui (répondit alors, avec autant » d'enthousiasme que d'énergie, M. de Malesher- » bes, attendri jusqu'aux larmes), je vous appele- » rai citoyen, non par aucune considération frivole, » mais parce que c'est vous qui l'avez été véritable- » ment ; parce que c'est le sentiment le plus cher » à votre cœur, celui qui vous caractérise émi- » nemment, et qui vous distingue parmi tant de » Rois. »

Voilà l'expression des vrais sentiments de la patrie et de l'humanité ; ce sont ceux qui affectaient profondément M. de Malesherbes. Quelle en a été la récompense ?.... Ici, les cœurs frémissent, et nul n'ose se promettre de pouvoir s'affranchir de la cruauté des hommes.

Qu'on puisse, en effet, à toute force, concevoir que le crime, craignant le glaive des lois, redoutant la vengeance de la société qu'il a offensée, peut désespérer de la clémence du pouvoir, (et le cœur de Louis XVI, était-il fait pour faire désespérer de sa clémence ?) Qu'on puisse encore penser que certains hommes, sacrifiant en général à la peur, et cédant en particulier à la crainte qui leur était inspirée par d'autres hommes véritablement coupables, se seraient crus compromis par un vote favorable à l'infortuné Roi : Telles sont les illusions auxquelles on s'abandonna, et qui ne parvinrent que trop a étouffer les cris de la raison, de l'humanité, de la justice et du bien public ; et c'est l'influence qu'une partie d'entr'elles exerça sur ceux qui étaient réellement coupables, qui finit par leur faire croire que leur salut était attaché à la mort du Roi. Mais quelle sorte d'illusion criminelle ; quel autre intérêt cruel est venu pousser l'ingratitude jusqu'au délire, fouler aux pieds jusqu'au moindre vestige des sentiments d'humanité et exiger le sacrifice de M. de Malesherbes, si ce n'est l'intérêt atroce de la soif du sang de l'innocent et de l'horreur pour la vertu ? Voilà la récompense qui fut décernée à M. de Malesherbes ; c'est celle que la méchanceté et la scélératesse réservent aux cœurs trop bons et trop cléments. A qui sa mort pouvait-elle être profitable ? Qu'avait-on à craindre de lui ?..... Les annales du crime, avaient depuis long-temps déshonoré le genre humain. Le code de la scélératesse existait depuis qu'il y avait des hommes ; mais il devait arriver une époque où il recevrait une organisation toute nouvelle ; et il était digne de la tourmente révolutionnaire, et de la grande fièvre morale qu'elle produisit, de faire figurer sur ses pages sanglantes un pareil attentat.

Mais, que dis-je ? pareillement plus tard, et même dans des temps plus calmes, la terre de France a été effrayée d'un forfait inoui, d'un acte féroce et vraiment sauvage. Un Prince Français *, dernier

* Le Duc d'Enghien.

rejeton d'une race illustre dans l'art de la guerre; race dont la France s'honore et s'énorgueillit avec raison, est, sans qu'aucune considération le commandât, et au mépris de la justice et du droit sacré des nations, arraché violemment et par la ruse, de sa retraite, dans le pays étranger et neutre. Traîné en France, il y est enfermé dans une prison d'état. Après un long voyage, on ne lui laisse pas un moment de repos. Une commission militaire est improvisée; et les membres qui la composent, ont d'avance la sentence de mort tracée de la main de celui qui gouvernait l'état *. On ne ne permet pas au Prince de prendre un défenseur, ni de se défendre lui-même. Pour tout dire, en peu de mots, dans ce procès, toutes les garanties et toutes les formes tutélaires de la justice et des droits des citoyens, sont foulées aux pieds. Interrogatoire, jugement, exécution, tout n'est que l'affaire de quelques quarts-d'heure; et le tout se passe durant la nuit....... Malheur à celui qui a refusé d'entendre la supplique des derniers moments d'un Prince malheureux, qui désirait lui adresser quelques paroles. Celui qui disposait de toutes les forces d'un grand état ne pouvait pas craindre qu'un homme lui échappât : et d'ailleurs la dureté de son cœur était pour lui une garantie qu'il résisterait à la pitié, et qu'il étoufferait toute autre émotion généreuse. Heureux, au contraire, dans la postérité et dans l'histoire, honneur immortel à celui qui, conformément aux

* Bonaparte.

nobles traditions et à la gloire de ses ancêtres, a su mourir avec courage.

Le souvenir de cette tache, qui a terni un grand caractère, a dû être cuisant, surtout dans le malheur. Dans les derniers moments du coupable, les remords n'ont pas manqué de se présenter, sans doute. C'est ainsi que ce sacrifice monstrueux et vraiment inutile est jugé ; c'est ainsi qu'il le sera par la postérité et par l'histoire. Rousseau lui-même, cet apôtre du peuple, lui qui a tant écrit sur les droits des nations, n'a-t-il pas dit, qu'il n'est pas permis, même à une nation, d'acheter la révolution, la plus désirable, par le sang d'un innocent ?

Quand les bourreaux, méditant de plus en plus le crime, étudiant tous ses raffinements ; et s'animant à la férocité par l'aspect du sang, voulurent effrayer le monde, en lui annonçant qu'il n'y avait pas de salut pour l'innocence, et que c'était à la vertu la plus pure qu'ils vouaient de l'horreur, ils immolèrent M. de Malesherbes.

Ici nous touchons aux jours néfastes de la révolution. Une abîme s'ouvre sous nos pas. La pensée ne se promène plus que parmi des horreurs. Elle se précipite avec effroi jusqu'à l'anéantissement de tout espoir et de toute consolation.

C'était l'époque du règne de la terreur ; de ce régime de sang : temps de désolation, de douloureuse et de déchirante mémoire. Il semblait alors qu'un glaive suspendu par quelque fil invisible, se promenait silencieusement et menaçait toutes les têtes. La passion de la haine ne se bornait pas à fermenter par un sourd bruissement, et à s'annoncer par des frémissements horribles, qui indiquassent l'impatience de s'échapper avec éclat ; elle débordait alors de toutes parts. Les cris lugubres des furies se faisaient entendre partout, et appelaient au crime ; leurs torches infernales éclairaient tous les forfaits. On entendait de loin la vengeance gronder au fond des cœurs. L'imagination se couvrait du crêpe du deuil, et ne voyait que des cadavres et des funérailles sanglantes. Les visages pâles et amaigris, tout en portant l'empreinte de la tristesse et de l'abattement, marquaient aussi l'histoire des nombreuses tribulations qu'on essuyait. Un frisson cruel agitait le corps, et se communiquait rapidement à tous les membres. La douleur morale était trop vive, et avait tari les larmes. Un tremblement de mort accompagnait tous les discours. Dans le temps que des natures féroces ne parlaient que de crime, de conjuration, de trahison, d'assassinat, de mort, d'autres n'osaient penser, même respirer, pour ainsi dire, ni se regarder en face. Parmi ceux-ci, les plus timides dissimulaient leur crainte par les feintes de l'enthousiasme ; tandis que les plus hardis articulaient, avec embarras et d'une manière entrecoupée, les excuses de la peur, et n'expliquaient qu'en balbutiant les horreurs du silence.

C'est en signalant ainsi, d'une manière générale les impressions pénibles que font naître ces temps désastreux, qu'on peut, tout au plus, aborder leur histoire. Malheur au cœur sensible qui tenterait d'en dérouler la carte, et d'en parcourir les détails ; car son imagination en conserverait d'ineffaçables traces de sang. Ce n'est que d'une manière philosophique, qu'on peut considérer des événements, à l'égard desquels on épuiserait l'éloquence de l'indignation, sans jamais satisfaire le sentiment intérieur qu'ils font éprouver. Voilà les circonstances effrayantes dans lesquelles eut lieu le sacrifice de M. de Malesherbes.

Il était rentré dans sa retraite, ne sachant pas qu'il avait fait une action qui serait à jamais bénie par tous les siècles, exaltée par la postérité, et gravée dans tous les cœurs généreux. Il y est arrêté ; conduit à Paris, il entre dans la prison. A son apparition, tous les détenus se lèvent, saisis de respect et de consternation. On va au devant de lui; on soutient ses pas ; on veut le faire asseoir sur le seul siége un peu commode, qui se trouvait dans la salle. « Vous accordez, dit-il, en souriant, le fauteuil au » doyen d'âge; mais je ne suis pas bien sûr de mon » titre, j'aperçois parmi vous, un autre vieillard qui » doit l'emporter sur moi. »

L'histoire rapporte, qu'en présence du tribunal révolutionnaire, quelques juges baissaient les yeux, et les autres détournaient leurs regards, pour ne pas voir ce vénérable vieillard, entouré de sa famille et des larmes du peuple. La sentence de mort fut prononcée contre lui, et collectivement contre ses plus proches parents. Il fut pareillement sacrifié avec sa sœur, sa fille, son gendre*, sa petite fille et

* Le président de Rosambo, beau père de M. de Chateaubriand et de M. de Tocqueville.

l'époux de cette jeune personne. Et afin de rendre le crime encore plus monstrueux, il fut non seulement frappé le dernier; mais on lui fît subir une partie des angoisses, dont on avait aggravé la fin tragique du vertueux Bailly......

Au récit de pareilles horreurs, les cœurs honnêtes et sensibles sont navrés de douleur, et notre devoir est de leur porter des paroles consolantes. Heureux, si elles avaient le pouvoir d'adoucir entièrement l'amertume. Disons donc, pour la consolation des nombreux amis de M. de Malesherbes, et en conséquence, pour celle de l'immense majorité des Français, que la conformité de sa vie avec les sentiments de Louis XVI, avaient écrit leur fin commune dans l'ordre des destinées; et que M. de Malesherbes n'ayant pu réussir à sauver son Roi et son maître, avait désiré de ne pas lui survivre. Quelle perte pour l'humanité! Quelle perte pour la France! Quelle perte pour la vertu!....

Ombre généreuse! Ne craignez point de paraître devant de véritables Français. Ils n'ignorent pas que votre vie est le tableau magnifique et imposant de la sagesse, de la bienfaisance, du talent et de la vertu. Quelques grands que soient les crimes de quelques factieux, nous nous consolons, parce que ces hommes n'étaient pas français; parce que ces crimes ne sont pas ceux de la patrie. Vous ne nous désavouerez donc pas. Nous savons que chaque pays renferme des coupables. Nous n'ignorons pas que le vertige révolutionnaire n'est pas sorti des ateliers ministériels, sous le règne de Louis XVI; mais que les intrigues de la régence, les guerres désastreuses de Louis XIV, les immenses profusions de ce règne et de celui de Louis XV; la morgue des grands, les énormes priviléges dont ils jouissaient, au préjudice des autres classes de la société, les doctrines sophistiques et pernicieuses, en sont, en partie, la cause. Les lumières du dix-huitième siècle, répandues dans de nombreux écrits, avaient rendu au peuple un bienfait inappréciable, en lui révélant sa véritable dignité, et tous ses droits depuis longtemps méconnus et même foulés aux pieds par le despotisme ministériel; mais personne mieux que Louis XVI et son digne collaborateur, enflammés des mêmes sentiments en faveur du peuple, ne pouvait lui donner des institutions, qui le missent de niveau avec les besoins de l'époque et les lumières du temps. Personne, mieux qu'eux, ne pouvait exhumer ces chartes constitutionelles, qui, étant la leçon des Rois, l'expérience de la saine politique, et les éléments de la nature et de la raison, sont aussi le cri des nations.

Homme sensible, aux yeux des barbares et des bourreaux, vos torts et vos crimes devaient être bien grands, puisque vous étiez le meilleur des hommes; puisque une seule de vos vertus eût fait l'apologie entière d'un autre; aussi vous fûtes immolé dans le centre de vos affections, au milieu de votre famille, et avec votre famille, pour que la grandeur du crime fût proportionnée à l'importance des vertus. Votre mort serait venue déconcerter les calculs de l'équité, de la sagesse, de la fidélité, de l'attachement à tous les devoirs, en un mot, de l'innocence, si elle n'avait eu lieu pour punir vos ennemis ; pour les vouer à l'exécration publique, et pour vous attribuer la plus glorieuse des récompenses, la palme du martyre. Si ceux qui n'ont pas été avares du sang d'autrui, se sont audacieusement couverts du prétexte du bien public, de la liberté du peuple ; tandis qu'ils cherchaient à l'asservir; répétons, à leur honte, avec autant de vérité que de confiance, les paroles que vous prononçâtes en présence du Roi, d'autant plus remarquables qu'elles étaient aussi l'expression des sentiments du Monarque. « Oui, » c'est vous qui êtes le véritable citoyen de l'état, » c'est là le sentiment le plus cher à votre cœur, » celui qui vous caractérise éminemment, et qui » vous distingue parmi tant de Rois. »

Tant de sacrifices, tant de dévoûment, tant de mérite n'eussent pas été perdus pour l'ancienne Rome. Les annales de cette république, étaient aussi souillées d'un grand crime. Là aussi, il arrivait que le haut mérite et les vertus éminentes, ne recevaient pas toujours leur récompense; mais après la mort des victimes, les regrets se présentaient en foule, et les honneurs de l'apothéose étaient les seuls qui fussent jugés dignes de réparer de pareils malheurs. Cicéron, cet homme vertueux, ce beau génie de l'antiquité, avait aussi expié d'une manière atroce, son dévoûment à la patrie ; mais trois siècles après sa mort, un Empereur romain fit placer son image dans un temple domestique, et l'honora à côté des dieux.

Homme généreux, jouissez donc de toute votre gloire. Elle doit être bien grande, puisqu'elle passera à la postérité la plus reculée. Pour nous, notre récompense serait assez flatteuse, notre consolation assez grande, si le tableau de vos vertus et de vos talents, pouvait faire rougir le crime, et lui imprimer une honte salutaire. Mais nous n'en avons pas besoin, parce que nous puisons assez de motifs consolants, dans le spectacle d'une si belle vie, d'une vie sans reproche, d'une vie tout entière d'abnégation et de sacrifices continuels. Nous nous consolons par l'exécration que l'opinion publique a vouée à vos persécuteurs, eux, que tous les cœurs consciencieux et honnêtes ont flétri. Nous nous consolons; car si l'antiquité vit, avec un sentiment de grandeur et d'admiration, Marius assis sur les ruines de Carthage; quand l'histoire mettra la postérité en présence de nos temps révolutionnaires, elle verra avec les mêmes sentiments, la France debout dans l'attitude du respect, sur la tombe de M. de Malesherbes. Nous nous consolons par la contemplation et l'admiration d'un nom qui retentira dans tous les siècles, chez toutes les générations; d'un nom qu'on ne prononcera jamais sans respect et vénération, parce qu'il est voué à l'immortalité; d'un nom qui, entouré d'une si belle renommée et d'une sorte de culte, appelera de plus en plus, les hommages du monde, parce qu'il est digne de figurer à côté de ces noms anciens que l'antiquité a vénérés, et qu'elle a revêtu d'un caractère religieux, et pour ainsi dire, sacerdotal. Nous nous consolons par le témoignage aussi impartial que brillant, que publiera l'histoire. Elle aussi a consacré le souvenir des hommes les plus estimables, et conservé la liste de ces noms sacrés, que l'envie a poursuivis, que le mérite a perdus, et qui ont laissé aux remords de leurs persécuteurs, le soin de leur propre vengeance. C'est elle qui nous montre à Athènes, Socrate et Phocion, mourant pour la vertu; mais dont la mémoire est vengée par l'estime universelle, et par l'exécration de leur juges. Nous nous consolons encore, parce que M. de Malesherbes fut le meilleur citoyen, l'homme le plus intègre à la fois, et le plus éclairé qui se soit montré à la cour des Rois; bien digne de figurer à côté de l'Hôpital, de Sully, de Fénélon et de Catinat. Nous nous consolons enfin, car il défendit les droits du peuple, dans un temps où ce rôle n'était pas propre à conduire à la grandeur et à la fortune. Quoique Magistrat, il ne réclama jamais en faveur de la magistrature, aucune prérogative qui pût faire ombrage aux autres citoyens; et c'est lui qui disait à Louis XVI, au sujet des dons faits à des personnes d'un rang élevé, que la justice est la vraie bienfaisance des Rois.

Malgré que notre tâche soit en quelque sorte finie, le tableau de la fin de M. de Malesherbes, a été trop déchirant, pour que nous ne cherchions pas encore à nous soulager et à nous distraire par des émotions différentes; et il nous sera doux de les puiser encore dans la vie de ce grand homme, dont les plus petits détails ne laissent pas que d'avoir un caractère piquant. Récitons-les en présence du monument que la reconnaissance nationale lui a élevé dans le Temple de la Justice de la capitale, et qu'elle a placé à la porte du sanctuaire, dans le double but d'en interdire l'entrée aux profanes, et d'être le plus parfait modèle des magistrats. Publions et exaltons à l'envi, les sentiments de cet homme à jamais célèbre. Disons, que, par la renommée et l'universalité de ses vertus, il appartient à l'histoire de toutes les nations. Que le même monument qui lui a été érigé, soit pour le peuble français, le petit temple qu'Athènes fit élever en l'honneur de la mémoire de Socrate, et soit destiné à honorer publiquement la mémoire de celui qui a employé toute sa vie à rendre les vertus populaires. Que l'épitaphe qu'on y lit, émanée d'une source auguste, qu'un Roi constitutionnel lui-même a voulu tracer, et qui par cela même, porte un caractère approbatif des doctrines et des sentiments du grand magistrat dont nous déplorons la perte, soit destinée à être sa plus belle couronne; car un pareil écrit retrace les deux plus beaux actes de sa vie; savoir : celui d'avoir dit la vérité à son Roi, lorsque celui-ci était dans la plénitude de sa puissance, et celui de l'avoir défendu lorsqu'il a été captif. Disons, d'ailleurs, qu'avec les qualités dont il était revêtu, il devait réunir la simplicité. Il était, en effet, l'homme le plus simple; et cette simplicité ne lui avait rien donné de la morgue présidentale, que le commun des hommes appele improprement dignité; et qui n'est que le charlatanisme de la magistrature et le masque de la nullité. Il était distrait dans ses pensées; mais ses distractions étaient vives et spirituelles, et décélaient la supériorité : elles avaient même de l'activité. Son esprit était absent, mais cependant occupé. Il avait entendu ce qu'il n'avait pas, en quelque sorte, écouté; et un seul mot, lui faisait tout deviner, et par conséquent, d'une manière juste. Son imagination souple et ferme, le portait facilement d'objet en objet, et lui épargna l'ennui des longs discours et les contestations assommantes des plaideurs. Une seule idée, quelquefois un seul mot, étaient pour lui une vive lumière, qui en l'éclairant sur l'artifice déployé par la chicane, lui faisaient promptement déjouer la mauvaise foi; et, cette lumière qui lui faisait apercevoir le nœud de l'énigme lui expliquait toute l'affaire, et laissait un libre cours à ses distractions.

Il employait quelques-uns des loisirs que lui laissaient ses occupations judiciaires, à faire des lectures solides. Parmi les écrivains qu'il lisait habituellement, figuraient Plutarque et Montaigne.

Mais quelque capables que soient de pareils détails de nous distraire et de porter quelque soulagement à notre esprit et à notre cœur, nous chercherions en vain, à nous rasseoir de tant d'émotions douloureuses, et à adoucir des regrets si cuisants, si nous n'adressions nos vœux à celui qui est seul capable de guérir tant de maux. Élevons donc nos yeux au Ciel. Après avoir essuyé des tempêtes si violentes, demandons-lui de nous faire désormais jouir du calme, et de nous laisser dans le port. Demandons-lui d'essuyer nos larmes. Ne l'implorons pas toutefois, afin de nous faire jouir de ce bonheur qu'il n'est pas donné à notre nature, imparfaite et corrompue, d'atteindre : mais de celui qui nous est offert en récompense de nos bonnes œuvres, et seul compatible avec la faiblesse et l'infirmité humaines ; c'est le seul qui puisse dépendre de nous. Mais aussi remercions-le d'avoir donné au monde un homme si illustre, témoignons-lui surtout, la plus grande gratitude pour nous avoir fourni un pareil modèle. C'est parce qu'il aime les hommes, qu'il les a dotés d'un si grand bienfait. Mais il a mis le comble à ses faveurs, lorsque à tant de qualités précieuses, dont il l'a revêtu, il a réuni celles d'homme éminemment généreux et aimant.

Et nous tous, à qui il n'est donné d'être contents de nous, qu'à la condition d'imiter cet amour. Si nous aimons la vie, que ce ne soit pas pour les plaisirs vulgaires et vils, pour des intérêts méprisables et dégradants, pour des ambitions misérables ; mais pour ce qu'elle a d'important et de grand. Aimons-la, parce qu'elle est l'arène du mérite. Aimons-la, malgré les douleurs qu'elle produit, et à cause de ses douleurs ; car ce sont elles qui l'anoblissent, et qui font germer, croître et mûrir en nous ces pensées sublimes, ces résolutions généreuses, sans lesquelles l'homme ne saurait être compris, parce qu'il serait une méprise de la nature, une négation des productions dont elle s'honore.

Mais malgré qu'un si brillant modèle nous soit offert, il ne nous sera jamais donné de l'atteindre ; que dis-je, de l'approcher sans peine. Ce n'est jamais, en effet, sans effort qu'on peut obtenir de beaux résultats et des victoires éclatantes. Ce n'est que par des efforts et par un travail opiniâtre et continuel qu'on peut arriver à la vertu. Il faut d'autant plus de courage et d'adresse pour vaincre l'égoïsme, cet amour vil de soi-même, et devenir bienfaisant; que ce sentiment de l'amour de soi, qui rougit de se montrer au jour, et est par cela seul, un témoignage frappant de la honte qu'il imprime, se déguise d'une foule de manières. Il faut du zèle et du courage pour s'instruire; il en faut aussi pour défendre la patrie, et, en toute occasion, ses semblables. Il en faut surtout pour résister aux mauvais exemples, à l'injustice et à l'injuste dérision, toujours vouée au mépris, parce qu'elle est née de l'ignorance. Ayons du courage pour souffrir les angoisses de toute espèce dont cette vie est labourée, sans proférer une seule plainte, sans laisser couler une seule larme, sans pousser un seul soupir, et surtout sans faire entendre de lâches accusations, qui ne font qu'aggraver notre mal et insulter la Divinité. Ayons du courage pour aspirer à une perfection et à un bonheur, auxquels il n'est pas possible de parvenir sur cette terre; mais que suivant le sublime précepte de l'Évangile, nous devons toujours nous efforcer d'atteindre. Quelques chers que soient pour nous les biens que nous possédons; quelque chère que soit la vie même, soyons prompts à en faire le sacrifice pour obéir au devoir; ce n'est qu'à cette condition que nous serons justes. Et qu'on ne s'y trompe pas, la félicité humaine est un état de perfection indicible et difficile, pour ne pas dire impossible à atteindre. Voilà pourquoi c'est dans les sacrifices de toute nature que se trouve la seule condition de bonheur ; et c'est vers une pareille voie que le genre humain devrait continuellement tendre, s'il veut, je ne dirai pas arriver à une félicité complète, mais en approcher. C'est, en effet, en agissant ainsi que nous acquerrons l'estime des hommes, notamment celle de tous les gens de bien, et par conséquent, celle de Dieu, qui doit être l'objet, comme le but, de tous les efforts humains.

www.ingramcontent.com/pod-product-compliance
Lightning Source LLC
LaVergne TN
LVHW020403230826
846091LV00003B/1132